KB274365

50개 패턴만으로 술술 되는 영작

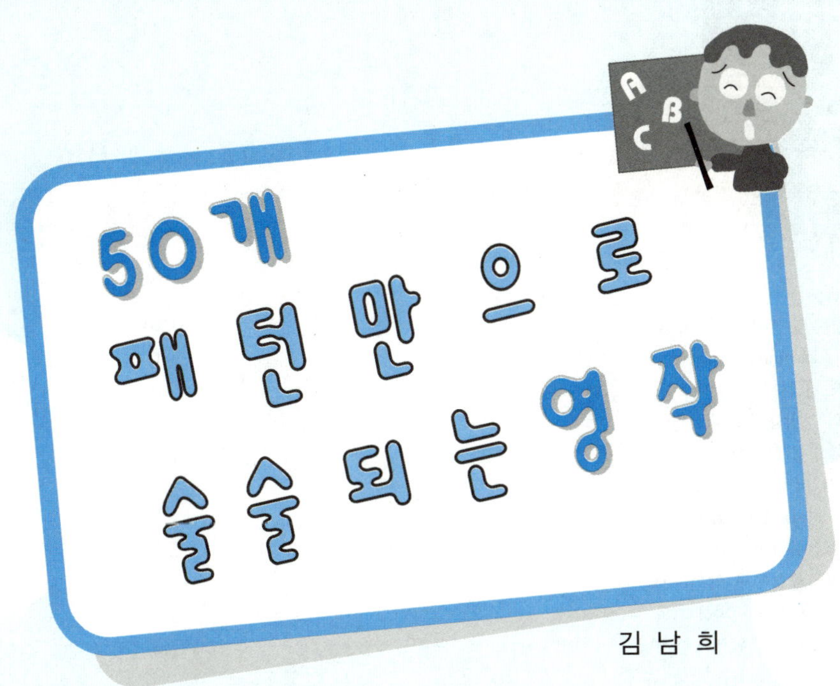

김 남 희

문예림

김남희 선생님은 캐나다 College of the Rockies 에서 Lansbridge University 로 transfer 해 경영학을 전공하고 한국으로 돌아와 중앙대학교 대학원에서 국제관계학을 공부했습니다.
그리고는 다시 미국 University of California, Santa Barbara에 서 English literature를 전공하고 한국으로 돌아와, 한국사람에게 익숙하지 않은 영어적 사고방식을 전파하기 위해 서울 종로 YBM 어학원 e4u 에서 영작문을 강의하고 있습니다.

50개 패턴만으로 술술되는 영작

초판 1쇄 발행 2006년 4월 1일 / 초판 1쇄 인쇄 2006년 4월 5일
초판 2쇄 발행 2007년 7월 1일 / 초판 2쇄 인쇄 2007년 7월 5일
저자 김남희 / 펴낸이 서덕일
펴낸곳 도서출판 문예림 / 등록번호 1962. 7. 12 제2-110호 /
주소 서울시 광진구 군자동 1-13 문예하우스 101호
Phone. 499-1281~2 Fax. 499-1283

ISBN : 89-7482-312-8 (13740)

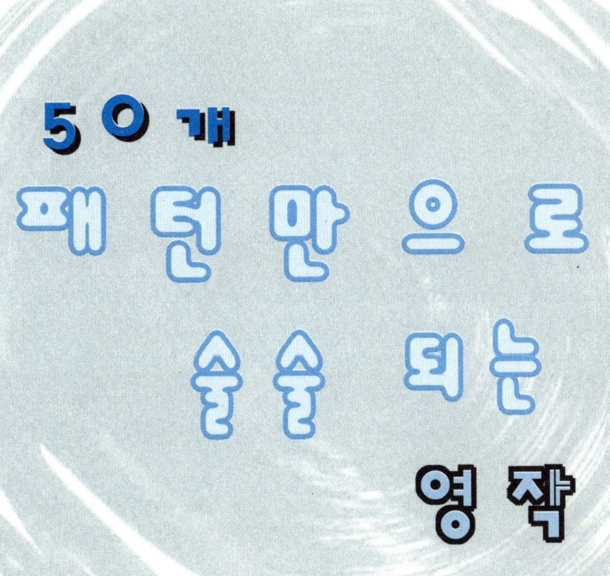

50개
패턴만으로
술술 되는
영작

똑같은 영어를 하는데 외국인은 왜 알아듣지 못할까?
내 영어 실력이 부족해서? 그럼 단어를 줄줄 외워야 하나?
그게 아니죠. 그들만의 기준, 즉 이미 영어라는 언어가 가지고 있는 일정한 표현의 기본 틀을 알아야 된다는 거죠. 이러한 일정한 표현의 기본 틀이 바로 표현의 기본이 되는 **'문장의 패턴'** 들 입니다.

이 문장의 패턴은 크게 세 가지로 나눌 수 있습니다.
내가 말하고자 하는 중심내용을 표현하는 〈단문 패턴〉
중심 내용의 기본 바탕위에 나머지 말을 덧붙이는 〈연결어 패턴〉
말을 좀 더 세련되고 재미있게 표현하는 〈style 패턴〉 입니다.

예를 한번 들어볼까요?
I love Sarah. (나는 세라를 사랑해.) → 단문 패턴
이 문장에서의 중심내용은 뭘까요? '난 세라를 사랑해.' 라는 말이죠.

I love Sarah because she is beautiful.
(세라가 아름답기 때문에 나는 그녀를 사랑한다.) → 연결어 패턴

이 문장에서도 말하고자 하는 중심내용은 '난 세라를 사랑해.' 라는 말이죠.

I cannot stop thinking about Sarah because I love her.
(난 세라를 사랑하기 때문에 그녀 생각을 멈출 수가 없다.) → style 패턴

마찬가지로 중심내용은 '난 세라를 사랑해.' 가 되죠.

결국 이 간단한 원리를 터득해 영어에서 표현하고 있는 전체 틀을 알면, 내가 말하고자 하는 것을 정확하게 표현하고 상대방이 말하고자 하는 내용의 의도를 정확하게 파악하는 의사소통이 이루어지는 겁니다. 아무 말이나 할 수 있는 것이 중요한 게 아닙니다. 결국엔 상대방에게 정확하게 내 의사 전달을 하는 것, 상대방의 의도를 정확하게 파악하는 것이 중요한 거죠.

이를 위해서는 두 가지 기준점을 아셔야 하는데요.

왜 쓰는 걸까? 그럼 어떻게 쓰는 건데? 라는 질문을 바탕으로 한 2가지 기준점입니다.

우선 왜 쓰는 걸까? 에 대한 답변으로 세 가지 이유가 있습니다.

예를 들어 '컴퓨터가 고장 났다.' 라는 문장을 표현할 때,

- **동작에 중점**
  - The computer does not work.
  - The computer broke down.
  - The computer crashed.
- **주어를 설명하는 말에 중점**
  - The computer is down.
  - The computer is out of order.
  - The computer is broken.
- **목적어에 중점**
  - The computer has some mechanical problem.

그 다음으로 어떻게 쓰는 걸까?의 대답은 다음의 세가지 이유를 중심으로 설명할 수 있습니다.

- **동작에 중점** (7가지 패턴)
- **주어를 설명하는 말에 중점** (16가지 패턴)
- **목적어에 중점** • 목적어 1개 : 16가지 패턴
  - 목적어 2개 : 3가지 패턴
  - 목적어와 목적어를 설명하는 말 : 8가지 패턴

이렇게 총 50개 패턴으로 영어 문장을 표현 할 수가 있습니다.

앞의 두 가지 기준을 토대로 이 책은 구성이 되었습니다. 그래서 말하고자 하는 중심내용을 이 50개 패턴으로 표현할 수 있는 것이죠.^^

추후에 연결어 패턴과 style 패턴에 관련된 책은 나올 예정입니다.

저를 항상 믿어주시고 옆에서 힘이 되어 주시는 부모님과 이 책이 나오는데 도움을 주신 문예림 출판사 사장님, 책을 예쁘게 편집해 주신 서여진 대리님과 신흥미디어에 고맙다는 인사를 드리고 싶습니다.

여러분들의 그 희망의 불빛이 이 책을 통해 이뤄지길 간절히 바랍니다. 모든 분들의 원하시는 결실이 모두 다 이뤄지리라 믿습니다.

2006년
김남희

 Contents

INTRODUCTION

PATTERNS

[3] 3형식 : 주어가 하는 동작과 그 동작의 대상이 올 때 쓰는 패턴 / 85

Part 1

INTRODUCTION

- ★ 영어의 문장
- ★ 글쓰기
  - 말쓰기
  - 문장쓰기
  - 단락쓰기
- ★ 표현의 양식
- ★ 유의할 점

[1] 영어의 문장

－문장이 달라지면 화자가 전달하고자 하는 nuance가 틀려지기 때문에 내가 왜 쓰는가? 어떻게
　쓰는가?에 대한 명확한 생각을 가지고 영작을 해야 합니다.

◙ main message Pattern (5형식)

■중심 내용을 쓰는 문장입니다.

(1) "**동작**"에 중점이 있는 경우 → 1형식 : S+V (7)

(2) "**주어를 설명하는말**"에 중점이 있는 경우 → 2형식 : S+V+S.C. (16)

(3) "**목적어**"에 중점이 있는 경우 → 3형식 : S+V+O(16)

　　　　　　　　　　　　　　　　　4형식 : S+V+O+O (3)

　　　　　　　　　　　　　　　　　5형식 : S+B+O+O.C. (8)

◙ 연결어 Pattern

■나머지 말을 연결하는 문장입니다.

(1) "시간, 장소, 위치"등의 **말과 말의 관계**를 이어 줄 때는 **전치사를 쓴다.**

(2) 중심내용과 "**동작**"을 연결할 때는 **준동사를 쓴다.**

(3) 나머지 말에 "**주어+동사**"가 있을 때는 **접속사**로 연결한다.

```
1형식 : S+V                        나머지 말
2형식 : S+V+S.C
                                   전치사구
3형식 : S+V+O              +        준동사
4형식 : S+V+I.O+D.O                 접속사+S+V～
5형식 : S+V+O+O.C.
```


◙ Style Pattern

■말을 멋있게 쓰는 문장입니다.

[2] 글쓰기

▣ 말쓰기

1. 문장 속에는 말이 들어갑니다.
2. 말의 모양은 첫째, "단어"로 씁니다. 이 때 단어는 "명사, 대명사, 동사, 형용사, 부사"를 말하는 겁니다.
3. 둘째로 "수식어+단어" 또는 "단어+수식어"의 모양으로 씁니다.
   이 때 수식어는 "형용사"나 "부사"를 말하는 겁니다.
4. 셋째 "전치사, 준동사, 접속사"를 중심으로 말을 쓰면 됩니다.

▣ 문장 쓰기

1. "중심내용을 쓰고 + 나머지 말을 쓰고 + 멋있게"씁니다.
2. 중심내용은 "Main Message Pattern"으로 쓰고, 나머지 말은 "연결어 Pattern"으로 멋있게 쓰려면 "Style Pattern"으로 쓰면 됩니다.
3. 각 패턴은 각각의 패턴을 쓰는 기준이 있습니다.
4. 중심 내용은 "동작" 또는 "주어를 설명" 또는 "목적어"에 중점을 두고 쓴다. 동작에 중점을 두고 쓰는 문장을 1형식이라고 하고, 주어를 설명하는데 중점을 두고 쓰는 문장을 2형식이라하며, 목적어에 중점을 두고 쓰는 문장을 3, 4, 5형식 문장이라고 합니다.
5. 나머지 말은 나머지 말의 내용에 따라 "전치사", "준동사" 또는 "접속사"로 연결하면 됩니다.
6. Style 패턴은 "series, pair, 반복문, 수식어문, 강조문, 비교급, 가정법, 긍정/부정 동의문"으로 표현합니다.

▣ 단락쓰기

1. DESCRIPTION(묘사)
- 단락은 그 단락만이 가지는 "한 가지의 독특한 묘사"가 있습니다.
- 예를 들어, "의견, 사실묘사, 사건묘사, 배경묘사, 인물묘사, 심리묘사"등이 바로 그것이죠.

2. DISPOSITION(배열 · 배치)

- 단락은 topic sentence와 supporting details으로 이루어져 있습니다.
- Topic sentence란 그 단락에서 묘사하고 있는 내용의 주제를 문장으로 쓴 것을 말하는데, topic sentence는 단락의 앞, 중간, 끝에 올 수 있으며, 앞에 오는 것이 기본입니다.
- Supporting details는 topic sentence에 대한 "설명, 주장, 설득"등의 내용을 담은 글인데, Supporting details에서 중요한 것은 자기가 주장하고 있는 주제를 어떻게 논리적으로 서술해 나가느냐가 관건입니다.

3. DEVELOPMENT(전개)

- Development는 supporting details의 내용전개 방법을 말합니다.
- supporting details의 내용전개는 topic sentence에서 언급한 주제와 관련이 있는 소주제를 몇 개 선정해서 이를 나열한 것입니다.
- 내용전개 방법에는 크게 "sequence, cause and effect, comparison and contrast"가 있습니다. 여기서 중요한 것은 주제와 관련이 있는 소주제를 적절하게 선정하는 것입니다.
- Sequence는 내용전개를 일정한 순서로 하는 방법인데, 이에는 "시간적인 순서, 내용의 중요도에 따른 순서, 자연적인 논리의 순서"등이 있습니다.
- Comparison and contrast는 주제에 대해 "같은 점과 다른 점을 서술"하는 방식으로 주제를 풀어 나가는 내용전개 방법입니다.

4. DEPENDENCE(통일성)

- Dependence는 unity (=통일성)를 말합니다.
- 통일성이란 그 단락에서 말하고 하는 주제 이외에 다른 내용을 써서는 안 된다는 것을 지적하는 것입니다. 예를들면, 기아문제를 논하고 있으면 기아문제에 관해서만 서술해야지 다른 내용을 쓰지 말라는 얘기입니다.

5. DEDICATION

- Dedication이란 글을 읽는 상대가 누구인가를 염두에 두고 글을 쓰라고 주문하는 것으로 모든 글은 이 글을 누가 읽은 것인가를 생각하며 쓰게 됩니다. 읽는 상대가 분명해야 내용전개를 확실하게 서술해 나갈 수가 있는 것이죠.
- 여기에다, 독자까지 분명하면 글을 쓰는 목적이나 글의 종류가 분명해 집니다.

[3] Expression (표현의 방식)

■ 개 요

– 표현에는 "literal" 표현 방법과 "figurative" 표현 방법이 있습니다.

– 글자 그대로의 의미를 나타내는 경우를 "literal" 표현이라 하고, 비유적으로 의미를 나타내는
  경우를 "figurative" 표현이라고 합니다.

– "literal" 표현인지, "figurative" 표현인지는 문장의 내용을 보고 구별할 수 있습니다.

(1) Literal 표현

ⓐ He **kicked at** the dog.

  그는 개를 찼다.

ⓑ She **came down with** a box from the attic.

  그녀는 다락방에서 한 상자를 들고 내려왔다.

(2) Figurative 표현

ⓐ He **kicked at** the project.

  그는 그 계획에 반대했다.

ⓑ She **came down with** a cold.

  그녀는 감기 기운이 있다.

[4] 문장을 쓸때 주의해야 할 점

—문장을 쓸 때 "fact"만을 쓰면 문장이 너무 짧고 딱딱한 문장이 되기 쉽습니다.

—쓰고자 하는 fact를 중심으로 재미있고 의미가 있는 문장을 표현하도록 노력해야 합니다.

▣ example 1

(1) 단순히 fact만 있는 문장 :

Happly families make happy children.

(2) 고친 문장

If you see a happy child, chances are he or she comes from a happy family.

▣ example 2

(1) 단순히 fact만 있는 문장 :

All English teachers have green eyes.

(2) 고친 문장

For some reason, it always seems to me that all English teachers have green eyes.

▣ example 3

(1) 단순히 fact만 있는 문장 :

Women psychologists can't be trusted.

(2) 고친 문장

Many people find it difficult to trust women psychologists, even though they can't give good reasons for it.

▣ example 4

(1) 단순히 fact만 있는 문장 :

What's wrong with this country? Just one thing. There are 11.5 million women who started but never finished high school.

(2) 고친 문장

The large number of women who start high school but never finish may point to deep-rooted problems in our society.

▣ example 5

(1) 단순히 fact만 있는 문장 :

Crime, delinquency, and poverty are on the rise. Therefore, we should abolish federal income tax.

(2) 고친 문장

Crime, delinquency, and poverty are on the rise. While all these problems are related, it is likely that we will find one solution to all of them.

▣ example 6

(1) 단순히 fact만 있는 문장 :

Alvin Cooperman is a good congressman.

(2) 고친 문장

Alvin Cooperman's career as a congressman might make him an effective politician.

Part 2

PATTERNS

Main Message Pattern

개 요

1) 모든 영어의 문장은 중심내용(main message)이 있다.

2) 〈Main Message Pattern〉은 중심내용을 문장의 5형식을 사용해서 표현하는 패턴이다.

3) 문장을 쓸 때 중요한 것은 :

　① 각 패턴이 쓰이는 이유를 알아야 한다.

　② 패턴마다 쓰이는 동사를 주의한다.

　③ 주어를 설명하는 말, 목적어, 간접목적어와 직접목적어, 그리고 목적어를 설명하는 말의
　　 형태를 알아야 한다.

1형식

주어가 하는 동작을 강조할 때 쓰는 Pattern

- 1형식에 쓰이는 동사의 특징은 목적어를 취하지 않는다는 것입니다.
- 1형식동사의 또다른 특징은 능동의 형태가 "수동의 의미"로도 쓰인다는 것입니다. 따라서, 1형식동사는 수동태로 쓰지 않습니다.
- 일반적으로 1형식 동사를 "완전자동사"라고 부르죠.
- 한편, 1형식 문장은 "극적인 감동"을 유도하고자 할 때 쓰입니다. 왜냐하면, 주어가 하는 동작이 강조되면 극적인 감동을 자아내기 때문입니다.
- 이런 특징을 갖는 1형식에는 7가지 패턴이 있습니다.

ⓐ **I succeeded.**

나는 성공했다.

ⓑ **I overslept this morning.**

나는 오늘 아침에 늦잠잤다.

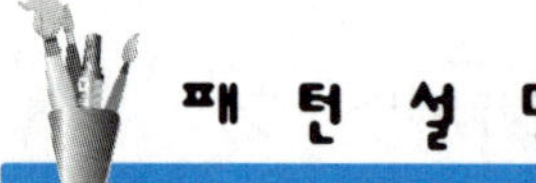

패 턴 설 명

- "주어와 동사"만으로 나타내는 패턴이죠.

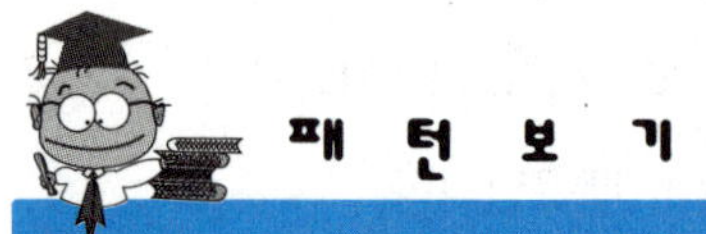

패 턴 보 기

ⓐ I succeeded → 주어＋동사

ⓑ I overslept → 주어＋동사

연 습 해 보 기 (1 - 1)

<1형식동사>

1. 봄이 왔다. (spring ; come)
➡

___

2. 바람이 불었다. (wind ; blow/blew/blown)
➡

___

3. 우리는 서둘러야 한다. (hurry ; must)
➡

___

4. 해가 떴다. (sun ; rise/rose/risen)
➡

___

5. 학기가 시작되었다. (semester ; begin)
➡

___

6. 그들이 왔다. (come/came/come)
➡

___

7. 태양이 빛나고 있었다. (sun ; shine/shone/shone)
➡

___

8. 눈이 내리고 있었다. (it ; snow)
➡

___

9. 우리 모두는 숨쉬고 마시고 먹는다. (we ; all ; breathe; drink ; eat)
➡

___

10.알겠어. (see)
➡

> ⓐ He **came in**.
>
> 그가 들어 왔다.
>
> ⓑ Prices **are going up**.
>
> 가격이 오르고 있다.
>
> ⓒ The attendance **has fallen off**.
>
> 출석이 줄어들고 있다.

패 턴 설 명

- "1형식동사" 뒤에 "전치사적 부사"가 붙는 패턴이다.
- 전치사적 부사란 "전치사가 부사"로 쓰인 경우를 말한다.
- 전치사적 부사는 동사의 동작을 "강조"하거나 동사의 "의미를 변화"시킨다.
- 전치사적 부사로는 "in, out, up, down, on, off, over, through" 등이 쓰인다.
- "동사 + 전치사적 부사"는 다양한 상황에 다양한 의미로 쓰인다.

패 턴 보 기

ⓐ come in → 동사 + 전치사적 부사

ⓑ go up → 동사 + 전치사적 부사

ⓒ has fallen off → 동사 + 전치사적 부사

연 습 해 보 기 (1 - 2)

<1형식동사+in>

1. 그녀가 들어왔다. (come in)
➡

2. 나는 하루종일 집에 있었다. (stay in ; all day long)
➡

<1형식동사+out>

3. 방금 불이 나갔다. (light ; just ; go out)
➡

4. 그는 나오지 않았다. (come out)
➡

5. 그들이 방금 나갔다. (step out)
➡

<1형식동사+up>

6. 그가 일어섰다. (stand up)
➡

7. 그녀의 생일이 다가오고 있다. (birthday ; come up)
➡

8. 어린아이들은 아주 빨리 자란다. (kids ; fast)
➡

9. 컴퓨터가 고장이 났다. (computer ; break down)
➡

10. 파도가 잔잔해졌다. (wave ; settle down)
➡

<1형식동사+on>

11. 그는 옆에서 보고 있었다. (look on)
➡

12. 버틸 수 있겠니? (hold on)
➡

<1형식동사+off>

13. 내 모자가 날아갔다. (hat ; blow off)
➡

14. 안개가 걷혔다. (fog ; clear off)
➡

15. 페인트가 벗겨졌다. (paint ; come off)
➡

<1형식동사+over · through>

16. 상처가 아물었다. (wound ; heal over)
➡

17. 우리는 통과할 수가 없었다. (could ; get through)
➡

ⓐ This book **translates well**.

이 책은 잘 번역되었다.

ⓑ The door **locks quite easily**.

문이 아주 쉽게 잠긴다.

ⓒ The lion **came along**.

사자가 나타났다.

ⓓ We **walked five miles**.

우리는 5마일을 걸었다.

ⓔ The audience **stood up suddenly**.

청중이 갑자기 일어섰다.

패 턴 설 명

- "1형식동사" 뒤에 "부사"가 붙는 패턴이다.
- 여기서 말하는 부사란 "well · easily, 보조부사, 단위부사, 일반부사"를 가리킨다.
- 보조부사란 "away, along, aside, back, hard, home, together" 등을 말한다.
- 단위부사란 "시간, 거리, 길이, 방향, 도수"등을 의미하는 명사가 부사가 된 경우를 말한다.

패 턴 보 기

ⓐ translates well → 동사+well

ⓑ locks easily → 동사+easily

ⓒ came along → 동사+보조부사

ⓓ walked five miles → 동사+단위부사

ⓔ stood up suddenly → 동사+일반부사

연 습 해 보 기 (1 - 3)

<1형식동사+well · easily>

1. 이 약은 감기에 정말 잘 듣는다. (medicine ; really ; work ;for a cold)
➡
____

2. 이 책은 읽기 쉽다. (book; read; easily)
➡
____

3. 모든 학생들이 시험을 잘 쳤다. (students ; do ; on the test)
➡
____

<1형식동사+보조부사>

4. 우리는 돌아가야만 한다. (go back)
➡
____

5. 옆으로 좀 비켜서 주시겠습니까? (step aside)
➡
____

6. 나는 지난 밤 직장에서 늦게 집에 왔다. (get home late ; from work ; last night)
➡
____

7. 바람이 세게 불었다. (wind ; blow ; hard)
➡
____

8. 붉은 악마들이 다시 모였다. (Reds ; get together ; again)
➡
____

9. 코너에서 우회전하세요. (turn right ; at the corner)
➡
____

10. 너희집 정원 어떻게 돼가고 있는거야? (garden ; come along ; how)
➡

11. 그는 이미 수천 마일을 여행했다. (already ; travel ; thousands of miles)
➡

12. 그는 2미터를 점프했다. (jump ; two meters)
➡

13. 회의는 2시간 지속됐다. (meeting ; last ; two hours)
➡

14. 온도가 10도 올라갔다. (temperature ; rise ; 10 degrees)
➡

15. 그녀는 2층으로 올라갔다. (go ; upstairs)
➡

16. 우리는 얼굴을 맞대고 얘기했다. (talk ; face to face)
➡

ⓐ God **is**.

신은 존재한다.

ⓑ Nobody **is** <u>here</u>.

여기에는 아무도 없다.

ⓒ They **weren't** <u>in the bank</u>.

그들은 은행에 없었다.

ⓓ No one **was** there <u>to meet us</u>.

그곳에는 우리를 마중 나온 사람이 아무도 없었다.

ⓔ I **was** not there <u>when the accident happened</u>.

그 사고가 났을 때 나는 거기에 없었다.

패 턴 설 명

- "있다 · 없다"라는 존재표현은 1형식으로 간주한다.
- 존재표현에는 "be동사"가 쓰인다.
- 이때에 "be 동사"는 1형식동사 취급됨으로 그 뒤에는 "부사 · 부사구 · 부사절"이 올 수 있다.

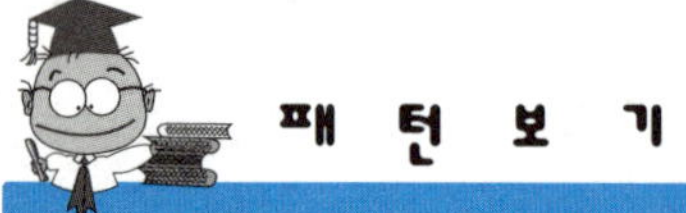

패 턴 보 기

ⓐ is → 존재를 나타내는 1형식 동사

ⓑ is here → be 동사+부사

ⓒ weren't in the bank → be 동사+전치사구 (=부사구)

ⓓ was there to meet us → be 동사+부정사구 (=부사구)

ⓔ was not there when ~ → be 동사+접속사 S +V +~ (=부사절)

연 습 해 보 기 (1 - 4)

<be+부사>

1. 그가 출근했다. (in)
➜

2. 애완동물이 주방안에 있다. (pet ; in the kitchen)
➜

3. 그들이 저기에 있다. (over there)
➜

4. 네 친구는 여기 있다. (friend ; here)
➜

5. 네가 찾는 책이 여기 있다. (book ; look for)
➜

6. 다른 사람들은 저기에 있다. (others)
➜

<be+전치사구>

7. 나의 집은 역 가까이 있다. (house ; near the station)
➜

8. 그 마을의 도시계획은 23 페이지에 있다. (plan ; town ; on page 23)
➜

9. 그의 여자친구는 그의 옆에 있었다. (girlfriend ; by him)
➡

10. 나는 늘 당신과 함께 있을 거야. (always ; with you)
➡

11. 나는 그 때 대학에 다녔다. (at that time ; at college)
➡

<be+준동사구>
12. 거기에는 나를 도와줄 사람이 아무도 없었다. (nobody ; help+O+out)
➡

13. 그녀는 책을 읽으면서 방안에 있었다. (in the room ; read)
➡

<be+접속사 S+V+~>
14. 이 회사에 오기 전, 나는 A 회사에 근무했었다.
    (before ; join ; company ; at the A Corporation)
➡

15. 모든 것이 그가 두고 간 그대로였다. (everything ; as ; leave ; it)
➡

16. 집이 화염에 싸여 있을 때 우리 모두는 거기에 없었다. (house ; on fire)
➡

ⓐ There is **God**.

　신은 존재한다.

ⓑ There are **no windows** in the house.

　집안에는 창문이 하나도 없다.

ⓒ There is **not much sugar** left in the pot.

　단지에는 설탕이 많이 남겨져 있지 않다.

ⓓ There **seems to be** nobody in the classroom.

　강의실에는 아무도 없는 것 같다.

ⓔ There is **no telling** what will happen next.

　다음에 무슨 일이 일어날지 말하기란 불가능하다.

패턴 설명

● 패턴(4)의 변형으로 역시 존재를 나타내는 패턴이다.

● "be 동사"와 "일반동사"가 모두 쓰인다.

● 한편, 부정문의 경우 "There+동사+no+명사" "There+동사+not+형용사+명사"의 형태로 온다.

● 여기서 말하는 일반동사란 "seem to be, appear to be, happen to be, used to be" 등과 "자동사 (arise, come, rise, sit, stand, exist, live, follow, grow, occur, fall" 등을 말한다.

● "There+be+no ~ing" 형태의 동명사 관용어 표현도 있다.

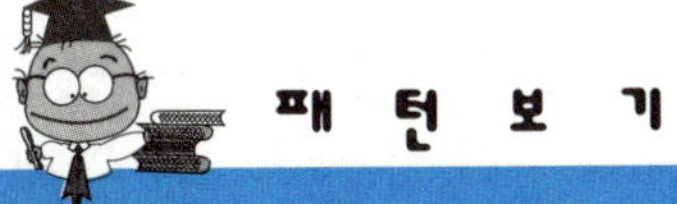

패턴 보기

ⓐ There is God → There+be동사+명사

ⓑ no windows → no+명사

ⓒ not much sugar → not+형용사+명사

ⓓ seems to be → be 동사 대신 쓰인 경우

ⓔ no telling → "no +~ing" 형

연 습 해 보 기 (1 - 5)

<There+be동사+명사>

1. 실없는 소문이 너무 많았다. (too much ; idle ; gossip)
➡

2. 많은 사람이 모여 있었다. (a large crowd of people)
➡

3. 싸울 가치가 있는 일이 아직 많다. (still ; many ; thing ; worth ; fight for)
➡

<There+be동사+명사+부사~>

4. 어제 밤에 화재가 났었다. (fire ; last night)
➡

5. 집안에는 전등이 다 꺼져 있었다. (light ; in the house)
➡

<There+be동사+명사+전치사~>

6. 집 만한 곳은 없다. (place ; like ; home)
➡

7. 3월은 31일 까지 있다. (thirty-one days ; in March)
➡

8. 그것에 대해 의심할 바가 없다. (doubt ; about ; it)
➡

<There+be동사+명사+준동사~>

9. 네가 외국에 갈 기회가 올 거야. (chance ; go abroad)
➡

10. 우리가 영화 볼 시간이 아직 있다. (still ; time ; see ; movie)
➡

11. 그가 만족할 이유는 충분하다. (sufficient ; reason ; satisfy)
➡

<There+be동사+명사+접속사>
12. 자기 나라를 사랑하지 않는 사람은 없다. (no one ; love ; one's own country)
➡

13. 너를 만나자고 기다리는 사람이 있다. (someone ; wait for ; see)
➡

<There+일반동사+명사>
14. 이곳에 도서관이 있었다. (used to be ; library)
➡

15. 한 성이 언덕 위에 있다. (stand ; castle ; hill)
➡

16. 오랜 기간 평화와 번영이 이어졌다. (follow ; long ; period ; peace ; prosperity)
➡

<There+be동사+no ~ing>
17. 과학이 앞으로 얼마나 발전할는지 알 도리가 없다.
    (know ; how far ; science ; develop ; in the future)
➡

18. 취향을 설명하는 것은 불가능하다. (account for ; taste)
➡

ⓐ **It seems that he is wrong**.

그가 잘못한 것 같다.

ⓑ **It does not matter where she came from**.

그녀가 어디 출신인지는 상관없어.

ⓒ **It seemed to him as if all the students were going to school**.

그는 마치 학생들이 모두 학교로 가고 있는 것 같았다.

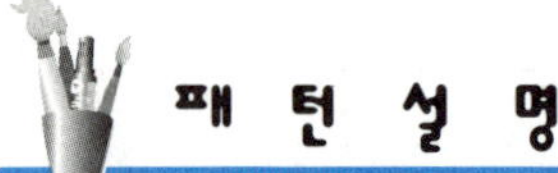

패 턴 설 명

● 진주어로는 "to V, 접속사+S+V+~"가 쓰인다.

● "접속사+S+V~"가 주어로 쓰일때 "명사절이나 부사절"이 온다.

"it"의 동사로는 "seem, appear, matter, happen, follow, remain"등이 쓰인다.

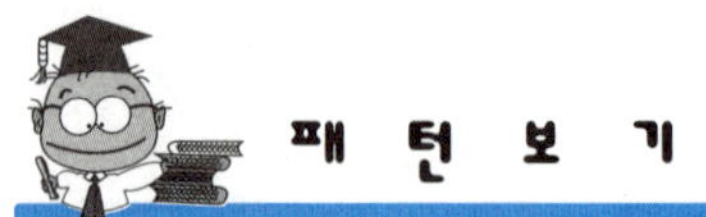

패 턴 보 기

ⓐ It seems that ~ → 가주어 · 진주어 (명사절)

ⓑ It does not matter where ~ → 가주어 · 진주어 (명사절)

ⓒ It seemed to him as if ~ → 가주어 · 진주어 (부사절)

연 습 해 보 기 (1 - 6)

<to V>

1. 너의 어휘력을 키우는 것은 가치 있는 일이다. (pay ; word power ; enrich)

➡

2. 도움을 요청해도 손해 볼 것은 없다. (hurt ; help)

➡

<It + v + 접속사 + S + v + ~>

3. 나는 그를 어디서 본 것 같다. (seem ; as if ; see ; somewhere)

➡

4. 그리고 그가 한 것 같았다. (seem ; do)

➡

5. 우리가 얼마나 오래 사느냐가 문제가 아니라, 어떻게 사느냐가 문제다.
   (matter ; how long ; live ; how)

➡

6. 남은 것은 두 분 행복을 바랄 뿐입니다. (only ; remain; wish ; both of you ; happiness)

➡

7. 그날이 결코 끝날 것 같지 않았다. (appear ; day ; never ; end)

➡

8 우연히 그녀가 방문했을 때 우리는 집에 없었다. (happen ; in ; visit)
➡

9. 그가 비난받아야 한다고 할 수 없다. (follow ; blame)
➡

10. 날씨는 곧 좋아질 것 같다. (weather ; improve ; soon)
➡

11. 내게는 그가 그녀를 사랑하고 있는 것으로 생각된다. (seem ; love)
➡

12. 증거로 미루어 그는 유죄인 것 같다. (appear ; guilty ; from the evidence)
➡

ⓐ Birds sing **on the tree**.

　새들이 나무 위에서 지저귀고 있다.

ⓑ She looked **out of the window**.

　그녀가 창밖을 내다보았다.

ⓒ We stopped **to take a break**.

　우리는 휴식을 취하려고 멈췄다.

ⓓ They seemed **to think so** .

　그들이 그렇게 생각하고 있는 것 같았다.

ⓔ He left **without saying a word**.

　그는 말없이 떠났다.

ⓕ He left **before we came back**.

　그는 우리가 돌아오기 전에 떠났다.

패 턴 설 명

- 중심문장 뒤에 오는 나머지 말은 "전치사 · 준동사 · 접속사"로 연결한다.
- 1형식문장 뒤에 오는 "전치사구 · 준동사구 · 접속사 S + V ~"는 부사구 또는 부사절이 된다.
- "1형식동사 + 전치사구" 또는 "1형식동사 + to V ~"의 경우에는 관용어 표현이 많다.
- 단, 준동사구 중에서 분사구는 오지 않는다. 온다면 2-15가 된다.

패 턴 보 기

ⓐ on the tree → 전치사구 (= 부사구)

ⓑ look out of the window → 동사 + 전치사구 (= 관용어 표현)

ⓒ to take a break → 부정사구 (= 부사구)

ⓓ seem to think so → 동사 + 부정사 (= 관용어 표현)

ⓔ without saying a word → 전치사 + 동명사구 (= 부사구)

ⓕ before we came back → 접속사 + S + V ~ (= 부사절)

연 습 해 보 기 (1 - 7)

1. 새들이 하늘에서 날고 있다. (bird ; fly)

➡ ____

2. 나는 걸어서 갈께. (go ; on (by) foot)

➡ ____

3. 번개가 한 장소에서 두 번치는 것은 드문 일이다. (lightening ; rarely ; strike; twice ; in the same place)

➡ ____

4. 그들은 식사 후 위층으로 올라갔다. (go ; upstairs ; after the meal)

➡ ____

5. 비가 한 시간 동안 억수같이 쏟아지고 있었다. (rain ; cats and dogs ; for an hour)

➡ ____

6. 그녀는 드디어 집에 도착했다. (arrive ; home ; at last)

➡ ____

7. sarah는 자기 학급에서 수석을 차지하고 있다. (stand; first ; in one's class)

➡ ____

8. 우리는 이와 같은 좋은 날씨에 도저히 집에 틀어박혀 있을 수 없다.
   (simply ; stay ; indoors ; in such fine weather)

➡ ____

9. 그늘에 개 한 마리와 고양이 한마리가 나란히 누워 있었다.
   (dog ; cat ; lie ; side by side ; in the shade)

➡ ____

10. 그는 책에서 눈을 떼고 쳐다보았다. (look up ; from the book)
➡

11. 어떤 사람들이 마당을 가로질러 왔다. (some ; people; come ; across the yard)
➡

12. 그는 대학을 중퇴했다. (drop ; out of college)
➡

13. 나는 늦게 잠자리에 든다. (go ; to bed ; late)
➡

14. 그녀는 자기 차를 몰고 직장에 간다. (drive ; to work)
➡

15. 그가 사랑에 빠졌다. (fall in love)
➡

16. 그녀는 더 잘 보려고 일어섰다. (stand up ; see ; better)
➡

17. 누군가가 너를 보러 방문했다. (someone ; call ; see)
➡

18. 그는 그의 아들이 살아 있다는 소식을 듣지 못하고 죽었다. (die ; hear ; alive)
➡

19. 여성들은 살을 빼는데 너무 극단적이다. (women ; go too far ; lose ; weight)
➡

20. 나는 그가 잘못되었다는 것을 알게 되었다. (come to V ; see ; wrong)
➡

21. 그 헤엄치는 사람은 해안에 도달하는데 실패했다. (fail to ; swimmer ; reach ; shore)
➡

22. 우리는 엄청난 액수의 돈을 잃을 입장에 있다. (stand to V ; lose ; a large amount of money)
➡

23. 나는 그의 이름을 들어본 것 같다. (seem to V ; name)
➡

<주어 + 1형식동사 + 접속사 S + V + ~>

24. 나는 그가 온 뒤에 떠날 것이다. (leave ; after ; come)
➡

25. 그들은 해가 뜨기 전에 일어났다. (get up ; before ; sun ; rise)
➡

26. 소녀는 숨이 찰 때까지 달렸다. (girl ; run ; untill ; out of breath)
➡

27. 그는 비가 오더라도 갈 것이다. (go ; even if ; rain)
➡

28. 그는 그 곳이 마치 자기 소유인 듯이 행동한다. (act ; as if ; own ; place)
➡

주어를 설명할 때 쓰는 패턴

- 주어를 설명하는 말을 "주격보어"라고 하는데, 주격보어로는 "명사"와 "형용사"가 옵니다.
- 이때, 명사는 주어에 대해 "동격"을 나타내고, 형용사는 주어에 대해 "상태"를 나타냅니다.
- 2형식에는 "be 동사"와 "일반동사"가 쓰이는데, 여기서 말하는 2형식 일반동사란 be동사가 일반동사로 바뀐 경우를 말합니다.
- "feel, taste, smell, sound, look" 등의 "감각·지각 동사"나 "become, come, go, get, seem, appear, prove, grow, run, keep, remain, fall" 등이 "상태동사"가 2형식에서 일반동사로 쓰입니다.
- 2형식은 주어를 설명하는 문장이기 때문에 2형식 동사를 "연결동사"라고 하는데, "불완전자동사"라는 이름으로 부르기도 합니다.

> ⓐ I am **happy.**
>
> 나는 행복하다.
>
> ⓑ I am **thirsty**.
>
> 목마르다.

 **패 턴 설 명**

- 주어에 대한 상태 설명으로 형용사가 온다.
- 2형식 문장에서 가장 기본적인 문장이다.

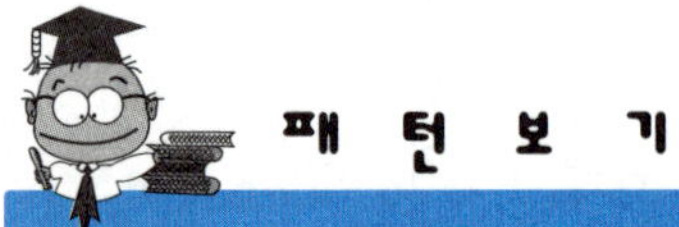 **패 턴 보 기**

ⓐ happy → 주격보어로 "형용사"가 쓰인 경우 (상태설명)
ⓑ thirsty → 주격보어로 "형용사"가 쓰인 경우 (상태설명)

<be+형용사>

1. 그것들은 매우 닮았다. (alike;exactly)
➡

2. 그녀는 키가 170이다. (centimeter;tall)
➡

3. 저는 스무 살입니다. (old)
➡

4. 나 틀렸어. (wrong)
➡

5. 봄에는 낮이 길고 따뜻하다. (day;long;warm;in spring;)
➡

6. 그는 정직하지만 부유하지는 않다. (honest;rich)
➡

7. 그가 그것을 거절한다는 것은 있을 수가 없다. (refuse = turn down ; unlikely)
➡

> ⓐ I am a **student.**
>
> 나는 학생이다.
>
> ⓑ I am Sarah's **mother**.
>
> 나는 세라 엄마예요.

 **패 턴 설 명**

- 주어에 대한 동격 설명으로 명사가 온다.
- 2형식 문장에서 가장 기본적인 문장이다.

 **패 턴 보 기**

ⓐ a student → 주격보어로 "명사"가 쓰인 경우 (동격 관계 설명)

ⓑ sarah's mother → 주격보어로 "명사"가 쓰인 경우 (동격 관계 설명)

<be+명사>

1. 수영은 좋은 운동이다. (swimming;good;exercise)
➡ ____

2. 우리 운동회는 큰 성공이었다. (athletic meet ; big ; success)
➡ ____

3. 그는 많이 먹는 사람이다. (a big eater)
➡ ____
____

4. 농업은 우리 나라에서 가장 중요한 산업의 하나다.
   (agriculture;one of the most important industries; in one's country)
➡ ____
____

5. 우리 삼촌은 애연가다. (uncle;a heavy smoker)
➡ ____
____

ⓐ He is **to come** to the party tonight.

그는 오늘밤 파티에 참석할 예정이다.

ⓑ My hobby is **to collect stamps**.

나의 취미는 우표를 모으는 것이다.

ⓒ My hobby is **collecting stamps**.

나의 취미는 우표를 모으는 것이다.

ⓓ He is **amazing**.

그는 굉장하다.

ⓔ The door is **broken**.

문이 망가졌다.

ⓕ I was **tired**.

나는 피곤했다.

ⓖ The trip was **tiring**.

그 여행은 힘들었다.

패 턴 설 명

- 동작으로 주어를 설명을 하는 경우에 준동사 (분사 · to V · 동명사)가 온다.
- "to V"는 〈미래의 동작〉 또는 〈동격관계〉에 쓰이고, 동명사는 〈동격관계〉에만, 분사는 〈상태적 동작〉에 쓰인다.
- 분사는 "형용사의 성질과 동사의 성질"을 동시에 갖고 있기 때문에 분사를 보고 상태적 동작을 나타내는 말이라고 한다. 즉, "~ing"는 〈상태 또는 진행의 동작〉을 나타내고, "~p.p."는 〈상태 또는 수동의 동작〉을 나타낸다.
- 한편, 〈사람의 감정 · 감각을 나타내는 분사〉의 경우에는 〈과거분사〉는 〈사람〉과 함께 쓰이고, "현재분사"는 〈무생물〉과 함께 쓰인다.

ⓐ to come → 부정사 (미래의 동작)

ⓑ to collect → 부정사 (동격관계)

ⓒ collecting → 동명사 (동격관계)

ⓓ amazing → 현재분사 (상태)

ⓔ broken → 과거분사 (수동의 동작 · 상태)

ⓕ tired → 사람의 감각 (과거분사 → 사람)

ⓖ tiring → 사람의 감각 (현재분사 → 무생물)

연 습 해 보 기 (2 - 3)

<S+be+to V>

1. 이 집은 세놓을 거다. (house ; rent)
➡

2. 그는 비난 받을 거다. (blame)
➡

3. 내 목적은 너를 돕는 일이었다. (object ; help)
➡

4. 그녀를 아는것이 그녀를 좋아하게 되는 것이다. (know ; like)
➡

<S+be+동명사/to V>

5. 그의 일은 컴퓨터를 수리하는 것이다. (work repair ; computer)
➡

6. 그의 직업은 책을 파는 일이다. (job ; sell ; book)
➡

7. 내 남편이 싫어하는 일 중에 하나가 쓰레기를 치우는 일이다.
   (one of the things ; husband ; like ; take out)
➡

8. 보스는 너무 지나치게 요구한다. (boss ; demanding)
➡

9. 그가 실수했다. (mistaken)
➡

10. 소포의 일부가 파손되었다. (part ; parcel ; damaged)
➡

11. 제 생일 파티에 오신다면 기쁠거예요. (pleased ; come ; birthday party)
➡

12. 일부 고객들은 환불정책에 대해서 혼동하고 있다.
    (some ; customer ; confused ; return policy)
➡

13. 그 광경은 즐거움을 준다. (view ; pleasing)
➡

14. 그 시합은 매우 흥미진진했다. (game ; exciting)
➡

ⓐ He is **above me** in rank.

그는 나보다 지위가 높다.

ⓑ The children were almost **of the same hight**.

아이들은 거의 같은 키였다.

ⓒ School is **over**.

학교수업이 끝났다.

패 턴 설 명

- 형용사 대신에 형용사 상당어인 "전치사구"가 오는 패턴이다.
- "전치사구"는 주어에 대해 "상태"를 나타내기 때문에 전치사구는 형용사 취급된다.
- 이때에 쓰이는 대표적인 전치사로는 "of → 사람·사물의 특징 (인격, 중요성, 가치성, 모양, 크기 등), in → 상태, on → 계속, beneath → … 아래, beyond (=above) → … 위에, behind → … 뒤에, out of → 정상에서 벗어난 상태, for → …를 위해, over → …를 넘어서, off → 떨어져 있는 상태" 등이 있다.
- 경우에 따라서는 전치사가 "형용사"가 부사가 되는 경우가 있다.

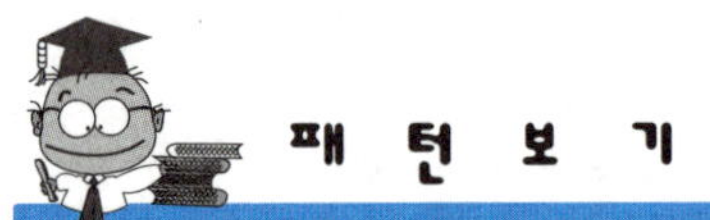

패 턴 보 기

ⓐ above me → 전치사구 (형용사 상당어)

ⓑ of the same hight → of + 전치사구 (형용사 상당어)

ⓒ over → 형용사

연 습 해 보 기 (2 - 4)

<S+be+of~>

1.이것은 중요치 않다. (of no importance)
➡

2. 우리 집의 일부는 15세기 식 건물이다. (part of our house;of the 15th-century style)
➡

3. 이 신은 내 치수가 아니다. (shoes;(of) my size)
➡

<S+be+in~>

4. 그녀는 날씬하다. (in good shape)
➡

5. 모든 것이 잘 정돈돼 있다. (everything;in good order(arranged well))
➡

6. 너의 기억은 맞지 않는다. (memory;in the wrong(at fault))
➡

<S+be+out of~>

7. 자동판매기가 고장 났다. (vending machine;out of service)
➡

8. 우리 모두는 숨이 턱에 닿아 있었다. (out of breath)
➡

9. 우리는 휴가 중이다. (on vacation)
➡

10. 나는 그때, 배로 여행 중이었다. (at that time;on a cruise)
➡

11. 이것들은 할인 판매되고 있다. (these;on sale)
➡

12. 이것은 서비스입니다.(공짜예요) (this;on the house)
➡

13. 그가 해놓은 일은 그의 능력 이하이다. (accomplishment;beneath one's ability)
➡

14. 이 시는 내게 너무 어렵다. (poem;above(beyond) me)
➡

15. 자이언트는 다저스에 3게임 뒤쳐져있다. (the Giants;game;behind the Dodgers)
➡

16. 이 편지는 너한테 온거야. (letter;for you)
➡

17. 그건 누굴 위한 거야? (who;it ;for someone)
➡

18. 이 문제는 도저히 내 머리로는 알 수 없다. (problem;simple;over one's head)
➡

19. 그녀는 20살이 넘었다. (over;twenty)
➡

20. 그것은 주제로 부터 벗어나 있다. (point)
➡

21. 그는 일을 하지 않고 있다. (work)
➡

22. 코트 단추 하나가 떨어져 있다. (button;coat)
➡

23. 그들은 형제 같다. (brothers)
➡

24. 그런 행동은 그 사람답다. (such;behavior;like him)
➡

25. 이자비율이 1퍼센트 올랐다. (interest rate; one percent)
➡

26. 컴퓨터가 고장났다. (computer)
➡

27. 게임이 끝났다. (game)
➡

ⓐ The problem **is that I'm short of money**.

　문제는 내게 돈이 부족하다는 것이다.

ⓑ That's not **what I mean**.

　제가 말하는 건 그런 뜻이 아나에요.

패 턴 설 명

- "접속사＋s＋v～"가 오는 패턴이다.
- 이때에 "접속사＋s＋v～"는 주어와 "동격" 관계를 갖는 "명사절"로 명사를 대신할 것이다.

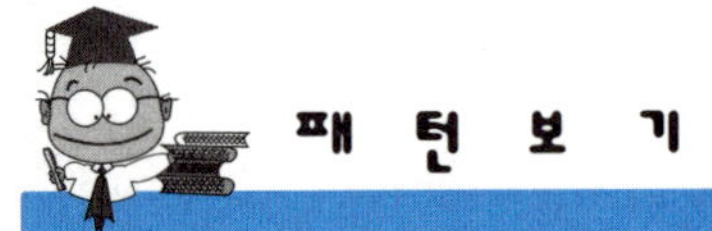

패 턴 보 기

ⓐ that I'm short of money → 접속사＋s＋v＋～ (명사 상당어구)

ⓑ what I mean → 접속사＋s＋v＋～ (명사 상당어구)

1.문제는 가게문이 모두 닫혔다는 것이다. (trouble;shop;closed)

➡

2. 내 제안은 거리에 더 나무를 심자는 거야. (suggestion;plant tree; in the street)

➡

3. 문제는 이 마을에는 의사가 없다는 것이다. (problem; doctor; village)

➡

4. 의문점은 언제, 어떻게 우리가 그것을 실행하느냐 하는 것이다.
   (question; when; how; carry+O+out)

➡

5. 이유는 내가 매우 외떨어진 곳에서 살고 있다는 것이다.
   (reason;live ; in a very remote place)

➡

6. 그녀는 옛날의 그녀가 아니다. (what; used to be)

➡

7. 여기가 내가 일하는 곳이다. (this; where; work)

➡

8. 내가 말하고자 하는 것이 바로 그거야. (that; what; say)

➡

9. 이것이 너가 찾고 있는 거야? (what; look for)

➡

ⓐ **Nice** <u>to see you</u>.

만나서 반가워요.

ⓑ He was **busy** <u>in preparing the exam</u> yesterday.

그는 어제 시험준비를 하느라 바빴다.

ⓒ She was not **aware** <u>that there was danger</u>.

그녀는 위험하다는 것을 인식하지 못했다.

ⓓ I'm **pleased** <u>that you have come</u>.

와주셔서 반갑습니다.

패 턴 설 명

- "S+be동사+형용사" 패턴과 "S+be동사+p.p." 패턴에서, "형용사와 p.p." 뒤에는 〈준동사〉 (to V · in+~ing) 또는 〈접속사+S+V~〉가 올 수 있다.
- 이때 "준동사 (to V · in+~ing)"는 "형용사"와 "p.p."를 수식하는 "부사구"가 되고, "접속사+S+V~"는 명사절이 된다.

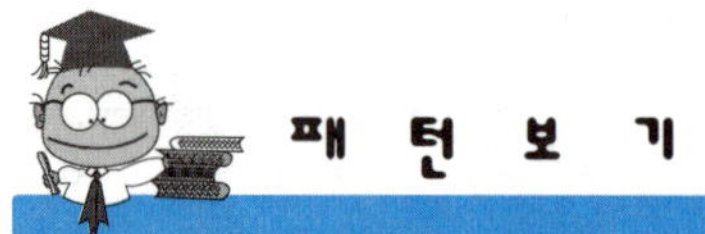

패 턴 보 기

ⓐ nice to see you → 형용사 +to V

ⓑ busy in preparing the exam yesterday → 형용사+in +~ing

ⓒ aware that there was danger → 형용사+접속사+S+V~

ⓓ pleased that you have come → p.p. +접속사+S+V~

연 습 해 보 기 (2 - 6)

<형용사 · P.P. +to V>

1. 나는 갈 준비가 됐다. (ready)
➡

2. 기차는 정각에 도착할 예정이다. (train; scheduled; arrive; on time)
➡

<형용사 · P.P. + (in)~ing>

3. 그는 팀에서 빠졌다는 것을 알고 화냈다. (angry; find; off the team)
➡

4. 내일 시험이 없다는 것을 알고 학생들은 기뻐했다. (student;pleased; find; examination)
➡

<S+be+형용사 · P.P.+접속사+S+V+~>

5. 가기 싫지만 난 이제 가 봐야 해. (afraid; go)
➡

6. 나는 그녀가 Sarah였는지 아니었는지 잘 모르겠다. (positive; whether)
➡

7. 우리는 그녀가 어디로 갔는지 확실히 모른다. (clear; where; go)
➡

ⓐ My hair **grows** <u>fast</u>.

　내 머리는 빨리 자란다.

ⓑ He **got** <u>angry</u>.

　그가 화냈다.

패 턴 설 명

- "be 동사"가 〈일반동사〉로 바뀐 형태이며, 〈형용사〉가 주격보어로 쓰인 패턴이다.
- 이때의 일반동사로는 "feel, taste, smell, sound, look" 등 "감각 · 지각 동사"나 "come, go, get, seem, appear, grow, prove, run, keep, become, remain, fall" 등 "상태동사"가 쓰인다.

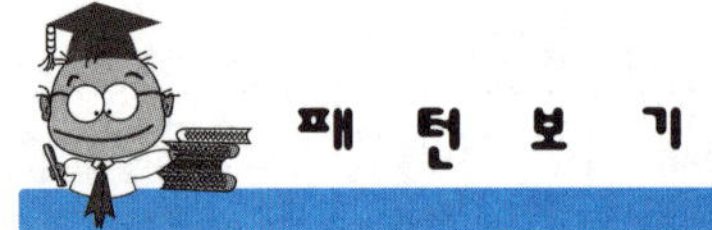

패 턴 보 기

ⓑ grows fast → 일반동사 (상태동사) + 형용사

ⓐ got angry → 일반동사 (상태동사) + 형용사

연 습 해 보 기 (2 - 7)

<주어+일반동사+형용사>

1. 그는 곧 건강을 회복했다. (get+well)
➡

2. 그녀는 아주 쉽게 화를 낸다. (nervous)
➡

3. 나의 오랜 꿈이 마침내 실현되었다. (long-cherished; dream; come; true; at last)
➡

4. 그는 요새 꽤 부지런해졌다. (become; quite; industrious)
➡

5.네가 안정을 취한다면 1, 2 주정도 지나서 건강이 회복될 거야.
  (if; keep; quiet; get; well; in a week or two)
➡

6. 이 그림은 멀리서 볼 때 더 아름답게 보인다.
  (picture; look; all the more; beautiful; when; look; at a distance)
➡

ⓐ He **became <u>a famous doctor.</u>**

그는 유명한 의사가 되었다.

ⓑ Two plus three **makes <u>five</u>**.

2더하기 3은 5이다.

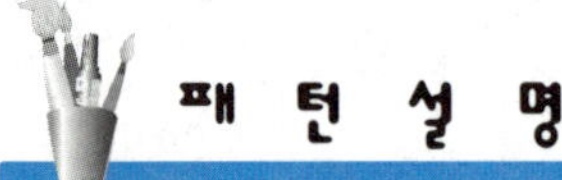

패 턴 설 명

- 2형식동사로 〈일반동사〉가 쓰이고, 주격보어로 〈명사〉가 오는 패턴이다.
- 이때에 일반동사로는 "become, make, turn"이 쓰인다.

패 턴 보 기

ⓐ became a famous doctor → became + 명사

ⓑ makes five → makes + 명사

1. 그 때부터 그는 딴 사람이 되었다. (from that time; turn; a different man(another man))
➜

2. 그녀는 유명한 배우가 되었다. (become; famous; movie star)
➜

3. 그는 나의 좋은 친구가 되었다. (friend)
➜

4. 피터와 에바는 멋진 부부이다. (make; handsome; couple)
➜

5. 그는 훌륭한 학자가 될 것이다. (make ; scholar)
➜

ⓐ He **kept** <u>swimming</u>.

　그는 계속 수영만 했다.

ⓑ I **got** <u>drunk</u> yesterday.

　나 어제 술취했었어.

패 턴 설 명

● 주격보어로 "분사"가 오는 패턴이다.

● 이때에 현재분사 "~ing" 모양은 〈진행의 동작〉을, 과거분사 "p.p."의 모양은 〈수동의 동작〉을 나타낸다.

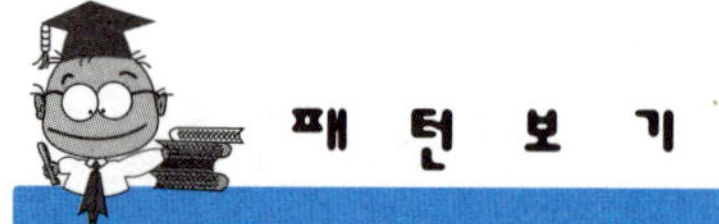

패 턴 보 기

ⓐ swimming → 현재분사 (진행동작)

ⓑ drunk → 과거분사 (수동동작)

연 습 해 보 기 (2 - 9)

<keep+~ing>

1. 그녀는 계속 울기만 했다. (keep; crying)

➡

2. 일주일 동안 비가 내렸다. (raining; for a week)

➡

<go+~ing>

3. 제인은 쇼핑하러 갔다. (go+~ing)

➡

4. 우리는 이번 주말에 자전거를 타러갈 거야. (ride; bike; this coming weekend)

➡

<get+P.P>

5. 간밤에 사무실에 강도가 들었다. (office ; rob)

➡

6. 나는 집에 오는 도중에 비를 만났다. (get caught in the rain; on one's way home)

➡

7. 우리는 교통정체에 걸렸다. (get stuck; in a traffic jam)

➡

8. 그녀는 즐거워 보였다. (seem; delighted)
➡

9. 너는 피곤해 보인다. (look; tired)
➡

10. 통화 중에 그녀의 말투는 다른 것에 정신이 팔려 있는 듯이 들렸다.
    (on the phone; sound; preoccupied)
➡

11. 모든 계획이 다 풀릴 수는 없다.
    (all; plan; come; unsolved)
➡

12. 그의 경고에 주의를 기울이지 않았다. (warning; go ; unheeded)
➡

13. 네 말은 놀란 것 처럼 들린다. (surprised)
➡

14. 매듭이 끌려졌다. (knot; come; untied)
➡

ⓐThe book **went <u>out of print</u>**.

그 책은 절판되었다.

ⓑ It **proved <u>of no use</u>**.

그것은 소용없는 것으로 판명되었다.

 **패 턴 설 명**

● 주격보어로 "전치사구"가 오는 패턴이다.

● 이때에 "전치사구"는 주어에 대해 "상태를 설명" 한다.

● 따라서 전치사구는 "형용사" 취급한다.

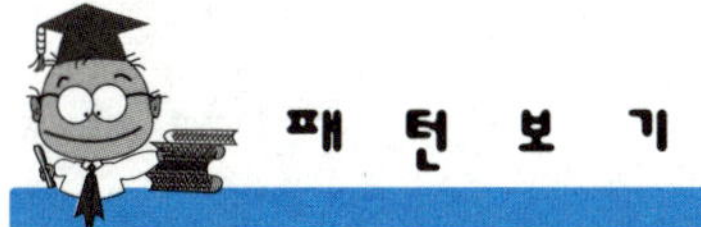 **패 턴 보 기**

ⓐ out of print → 전치사구 (형용사 상당어)
ⓑ of no use → of-전치사구 (형용사 상당어)

연 습 해 보 기 (2 - 1 0)

1. 배는 보이지 않게 됐다. (ship; go; out of sight)
➡

2. 그는 잠자리에서 일찍 일어났다. (get; out of bed; early)
➡

3. 이 기계는 쓸모없는 것으로 판명되었다. (machine; prove; of no use)
➡

4. 그녀는 지난주부터 식이요법을 시작했다. (go; on a diet)
➡

5. 이 피아노는 1음정이 높게 들린다. (sound; up a tone)
➡

6. 학문에 있어서 그는 나보다 훨씬 뛰어나 있다. (go far; beyond me; in learning)
➡

ⓐFeel **free to use my cell phone**.

내 핸드폰 맘대로 써.

ⓑ I made **sure that the room was locked**.

나는 그 방이 잠겨있다고 확신했다.

패 턴 설 명

● 〈S+일반동사+ 형용사〉 패턴 뒤에 "to V"와 "접속사+S+V~"가 와서

관용적인 표현을 만들어 낸다.

● 이때 동사는 feel, make로 한정되고 90%이상은 명령문으로 쓰인다.

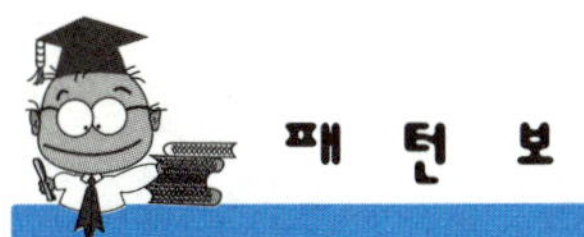

패 턴 보 기

ⓐ free to use my cell phone → 형용사 +to V

ⓑ sure that the room was locked. → 형용사+접속사+S+V ~

ⓐ Amy **looks like** <u>her mother</u>.

에이미는 그의 엄마를 닮았다.

ⓑ I don't **feel like** <u>doing anything</u> tonight.

나는 오늘 밤 아무일도 하고 싶지않다.

ⓒ He **sounded like** <u>(that) he had a cold</u>.

그의 말투는 감기 걸린 것처럼 들렸다.

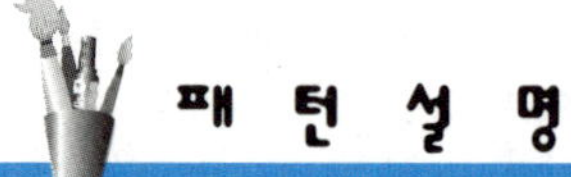

패 턴 설 명

- "feel, taste, smell, sound, look, seem"은 주격보어로 〈like + 명사 · ~ing · 접속사 + s + v + ~〉를 받는다.
- 이때에 "like" 뒤에 오는 말은 주어에 대해 〈닮은점〉을 설명한다.

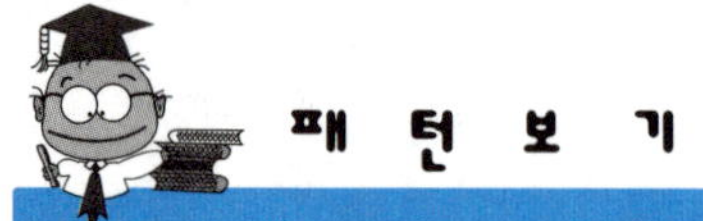

패 턴 보 기

ⓐ looks like her monther → like + 명사
ⓑ feel like doing anything → like + ~ing
ⓒ sounded like (that) he had a cold → like + 접속사 + s + v~

연 습 해 보 기 (2 - 1 2)

<like+명사>

1. 이것은 장미꽃 같은 향기가 난다. (smell; rose)
➡

2. 그 사람의 말투는 좋은 사람 같다. (sound; nice; guy)
➡

3. 이 맛은 치킨 맛이다.   (taste; chicken)
➡

4. 눈이 내릴 것 같은 느낌이야. (feel; snow)
➡

<like+~ing>

5. 그는 영화를 볼 기분이 아니었다. (see; movie)
➡

6. 비는 계속 올것 같다.   (rain; last)
➡

<like+접속사+S+V~>

7. 오늘은 눈이 올 것 같다. (look ; snow)
➡

8. 너는 바쁜 것 같아. (busy)
➡

ⓐ He **served as** <u>an officer</u>.

그는 장교로 근무했다.

ⓑ This painting **counts as** <u>a masterpiece</u>.

이 그림은 걸작으로 간주된다.

ⓒ He **acted as** <u>chairman</u>.

그는 의장처럼 행동했다.

패 턴 설 명

- 동사 "die, live, function, appear, rank, act, count, serve, use" 등은 주격보어로 "as + 명사"의 형태를 취할 수 있다.
- "as" 뒤에 오는 명사는 주어와 동격관계는 아니지만, 거기에 상당하는 〈동질성〉을 나타낼 때 쓰는 패턴이다. 때에 따라 동격일 때도 있다.
- 한편, "as" 뒤에 오는 명사가 사람의 직책을 나타내는 경우에는 관사가 생략된다.

패 턴 보 기

ⓐ served as an officer → served as + 명사

ⓑ counts as a masterpiece → counts as + 명사

ⓒ acted as chairman → acted as + 명사

 ## 연 습 해 보 기 (2 - 13)

1. 그는 덕이 높은 사람의 생활을 했다. (live; saint)
➡

2. 이 명사는 목적어 역할을 한다. (noun; function; object)
➡

3. 그 책은 걸작으로 간주된다. (book; count; masterpiece)
➡

4. 그는 영화에서 햄릿 역을 맡았다. (appear; Hamlet)
➡

5. 그는 평론가로서 높은 지위를 차지하고 있다. (rank; high; critic)
➡

6. 그는 가게에서 매니저로 일해 왔다. (serve; manager; store)
➡

@ The report **proved to be** <u>false</u>.

그 보도가 거짓이라는 것이 드러났다.

ⓑ He **turned out to be** <u>our enemy</u>.

그는 우리의 적으로 판명되었다.

ⓒ Things **appear to be** <u>going</u> well.

언 듯 보기에 일은 잘 되어가고 있는 것처럼 보인다.

ⓓ They **seem to be** <u>promoted equally</u>.

그들은 일률적으로 승진되는 것 같다.

ⓔ They **seem to be** <u>in the bank</u>.

그들이 은행에 있는 것 같다.

패 턴 설 명

- "turn out, prove, seem, appear, remain, happen, grow, tend" 등의 동사는 〈to be＋형용사·명사·~ing·p.p.·전치사구〉의 모양으로 주격보어를 받는다.
- 〈주어에 대해 결과를 설명〉할 때 쓴다.
- 단 주어에 대한 결과 설명의 확실한 경우에는 to be를 생략할 수 있다.

패 턴 보 기

ⓐ proved to be false → to be＋형용사

ⓑ turned out to be our enemy → to be＋명사

ⓒ appear to be going well → to be＋~ing

ⓓ seemed to be promoted → to be＋p.p.

ⓔ seem to be in the bank → to be＋전치사구

연 습 해 보 기 (2 - 1 4)

<S+V+to be+형용사>

1. 그들의 시도는 성공적인 것으로 판명되었다. (attempt; prove; successful)

2. 그는 정직한 것 같다. (honest)

3. 청 고래는 길이가 27 미터까지 자란다. (blue; whale; grow; meter; long)

4. 낙천주의자들은 더 건강하고 행복한 경향이 있다. (optimist; tend; healthy; happy)

<S+V+to be+명사>

5. 그는 여전히 냉소적이었다. (cynic)

6. 사람은 방관자로 남아 있을 수는 없다. (spectator)

7. 그는 진정한 친구로 밝혀졌다. (truthful; friend)

<S+V+to be+~ing>

8. 이번 겨울에는 감기로 고생하는 사람이 적은 것 같다. (few; suffer from; cold; this winter)

9. 너는 파티를 즐기고 있는 모양이구나. (enjoy; party)

➡

<S+V+to be+P.P.>

10. 그녀는 의기소침해 보였다. (depressed)

➡

11. 그녀는 평생을 독신으로 지냈다. (unmarried; through all her life)

➡

12. 그녀는 실망한 듯 보였다. (disappointed)

➡

<S+V+to be+전치사구>

13. 그녀는 마침 사무실에 있었다. (happen; in the office)

➡

14. 그는 빌려간 돈을 빨리 갚으려고 하지 않는 것 같다.
    (in no hurry; pay back; borrowed; money)

➡

ⓐ She **returned** <u>safe</u>.

안전하게 그녀가 돌아갔다.

ⓑ He **died** <u>a beggar</u>.

거지로 그는 죽었다.

ⓒ Tom **sat** <u>reading the book</u>.

책을 읽으면서 탐이 앉아 있었다.

ⓓ They **returned** <u>satisfied with the result</u>.

결과에 만족하고 그들이 돌아갔다.

패 턴 설 명

● 1형식동사 뒤에 "형용사 · 명사 · 분사(~ing / p.p.)"가 와서 주어를 설명하는 2형식 패턴을 만든다.

패 턴 보 기

ⓐ returned safe → 1형식동사+형용사

ⓑ died a beggar → 1형식동사+명사

ⓒ sat reading the book → 1형식동사+~ing

ⓓ returned satisfied with the result → 1형식동사+p.p.

연 습 해 보 기 (2 - 15)

<S+V+형용사>

1. 그녀는 잠들지 않은 채로 누워 있었다. (lie; sleepless)
➡

2. 그는 나이가 들어서 결혼했다. (marry; old)
➡

3. 그는 무의식 속으로 빠졌다. (fall down; unconscious)
➡

<S+V+명사>

4. 그는 백만장자가 되어서 고향에 돌아왔다. (come back; home; millionaire)
➡

5. 그들은 가장 친한 친구로 헤어졌다. (part; the best(friend) of friends)
➡

6. 그는 독신으로 살다 죽었다. (live; die; bachelor)
➡

<S+V+~ing>

7. 그들은 물가에서 새들을 바라보면서 앉아 있었다. (sit; watch; bird; on the shore)
➡

<S+V+P.P.>

8. 그는 아주 만족하고 떠났다. (go away; quite; satisfied)
➡

9. 그녀는 지쳐 쓰러졌다. (fall down; tired)
➡

ⓐ <u>It</u> is **a pity** <u>to waste time</u>.

   시간을 낭비하는 것은 아깝다.

ⓑ <u>It</u> is **funny** <u>his going</u> without saying good-by.

   그가 작별 인사도 없이 가버리다니 이상하다.

ⓒ <u>It</u> was **fortunate** <u>that the weather was fine</u>.

   날씨가 좋아서 다행이었다.

ⓓ <u>It</u> seems **a mystery** <u>how the fire broke out</u>.

   그 화재가 어떻게 났는지는 의문이다.

ⓔ <u>It's</u> no **use** <u>crying over spilt milk</u>.

   엎질러진 우유를 보고 울어봐야 소용없다.

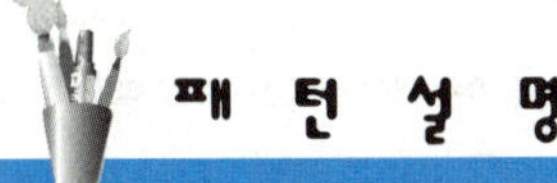

패 턴 설 명

● 2형식 모양의 "가주어 · 진주어" 패턴이다.

● "It+be동사+형용사 또는 명사"의 형태에서 진주어는 "to V, ~ing, 접속사+S+V~"가 온다.

● "be동사" 대신에 "seem" 또는 "appear"가 쓰일 수 있다.

● "It+be동사+no use+~ing" 형태의 관용어 표현이 있다.

● "use" 대신에 "point, good"이 대신 할 수 있다.

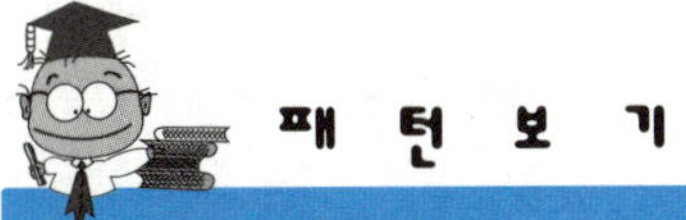

패 턴 보 기

ⓐ It is a pity to waste time → It+be+명사+to V

ⓑ It is funny his going~ → It+be+형용사+~ing

ⓒ It was fortunate that the weather was fine → It+be+형용사+접속사+S+V~

ⓓ It seems a mystery how the fire broke out → be동사 대신 "seem"

ⓔ It's no use crying over spilt milk → 관용어 표현

<It+be+형용사·명사+to do~>

1. 영어를 2, 3년 안에 마스터하기는 가능하다. (possible; master; within two or three years)
➡

2. 때로는 혼자 있는 것이 좋을 때가 있다. (sometimes; good; alone)
➡

3. 자식이 항상 부모의 기대대로 살기란 어려운 일이다.
   (difficult; for the children; always; live up to; expectation; parents)
➡

4. 남자가 여자에게 말할 때는 모자를 벗는 것이 예의이다.
   (etiquette; man; remove; hat; speak; lady)
➡

5. 식사를 하면서 신문을 읽는 것은 나쁜 버릇이다. (bad; habit; read; newspater; while; eat)
➡

6. 남 앞에서 하품을 하는 것은 좋지 못한 태도이다. (bad; manners; yawn; in another's face)
➡

<It+be+형용사·명사+~ing>

7. 나무 위에서 고기를 잡으려고 하는 것은 어리석은 일이다. (foolish; catch; fish; tree)
➡

8. 어떤 상황에서든 네가 요행을 바라는 것은 현명하지 못하다.
   (unwise; take; chance; circumstance)
➡

<It+be+형용사·명사+접속사+S+V+~>

9. 네가 그러한 절호의 기회를 놓친 것은 유감스러운 일이야.
   (pity; miss; such a golden opportunity)
➡

10. 그가 입학 시험에 한 번에 합격한 것은 이상할 것이 없다.
   (no wonder; pass; entrance examination; at the first attempt)

<It+be+no use+~ing>
11. 옛 우정을 계속 간직하려고 해봐야 소용없다. (try to V ; keep up; old friendship)

12. 쓸데없는 일을 애기해 봐야 소용없다. (talk about; something; unpractical)

3 형식

- 3·4·5형식은 **주어가 하는 동작과 그 동작의 대상이** 강조되는 문장형태입니다.
- 이때 3형식은 주어가 하는 동작과 그 동작의 대상이 강조되는 대표적인 문형인데, 3형식에서는 동작의 대상이 한 개만 옵니다.
- 동작의 대상을 문법적으로는 "목적어"라 하고, 3형식에 쓰이는 동사를 "완전타동사"라고 부릅니다.
- 3형식에서의 "동작"과 "대상"은 변화가 매우 다양하게 변화기 때문에 주의하셔야 합니다.

ⓐ I got it.

나는 맞혔다.

ⓑ Ben made a promise to marry her.

벤은 그녀와 결혼 할 약속을 했다.

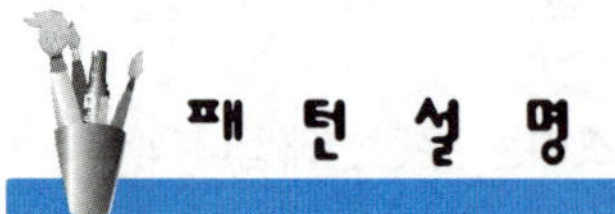

패 턴 설 명

● 완전타동사의 대표적인 동사는 "have, take, make, get, do" 가 있다.

패 턴 보 기

ⓐ got it → 완전타동사+O

ⓑ made a promise → 완전타동사+O

1. 나는 오늘 숙제가 밀려 있다 . (homework)

➡

2. 나는 오늘 어머니를 모시고 병원에 가야 한다. (mother; hospital)

➡

3. 나는 취미가 있다. (hobby)

➡

ⓐ I lived **a happy life**.

　　나는 행복한 삶을 살았다.

ⓑ He fought **a good battle**.

　　그는 훌륭한 전투를 치렀다.

 패 턴 설 명

● 1형식 동사가 대상을 받는 패턴이다.

● 이때의 대상은 완전자동사의 "동족어"나 "유사어"만이 될 수 있다.

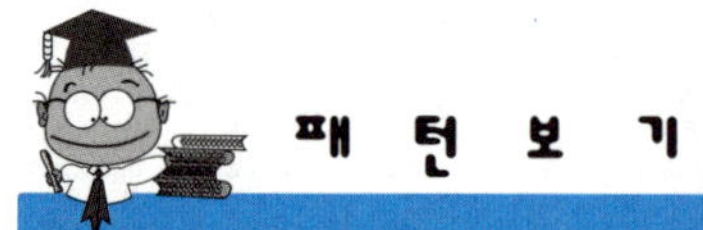 패 턴 보 기

ⓐ lived a happy life → 완전자동사＋동족어

ⓑ fought a good battle → 완전자동사＋유사어

1. 그는 지난밤 이상한 꿈을 꾸었다. (dream; strange; last night)
➜

2. 그녀는 추악한 미소를 지었다. (smile; ugly)
➜

3. 나는 나의 삶을 되풀이해서 살진 않겠어. (live; over again)
➜

4. 그녀는 언제나 아름다운 노래를 부른다. (sing; beautiful)
➜

ⓐ Donny **longed for** her.

　돈은 그녀를 몹시 그리워 했다.

ⓑ She **takes after** her mother.

　그녀는 어머니를 닮았다.

ⓒ Let's **go for** a walk.

　산책하러 가자.

ⓓ I will **answer for** his honesty.

　나는 그의 정직성에 대해서는 책임진다.

ⓔ She **thought of** a good plan.

　그녀는 좋은 계획을 생각해냈다.

패 턴 설 명

● 목적어를 취하는 동사구의 가장 기본형으로 동사구가
"동사＋전치사(부사)"로 오는 패턴입니다.

● 이 동사구에 쓰이는 동사는 "1·2·3 형식" 동사들이랍니다.

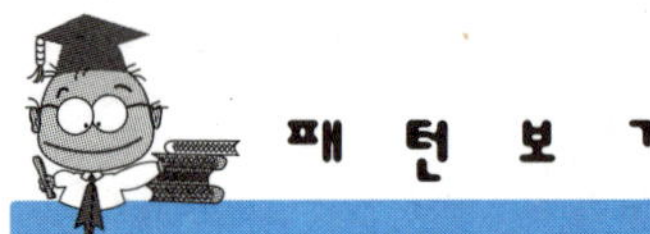

패 턴 보 기

ⓐ longed for → 동사＋전치사 (…을 그리워하다)

ⓑ takes after → 동사＋전치사 (…를 닮다)

ⓒ go for → 동사＋전치사 (…을 위해 가다)

ⓓ answer for → 동사＋전치사 (…에 대해 책임을 지다)

ⓔ thought of → 동사＋전치사 (…을 생각해 내다)

 **연 습 해 보 기 (3 - 3)**

1. 나는 그녀에게 반했다. (fall for)
➡

2. 나는 카펫을 말고 있다. (roll up; carpet)
➡

3. 결석해서 보지 못한 시험을 다시 볼 수 있나요?
   (make up ; miss ; test)
➡

4. 나는 항상 오케스트라의 지휘자가 되는 것을 꿈꾸어 왔다.
   (always; dream of; become; conductor; orchestra)
➡

5. 그는 선생님을 방문했다. (call on; teacher)
➡

6. 나는 그 제안에 찬성할 수 없다. (consent to; suggestion)
➡

7. 그는 계속 이야기했다. (go on; talking)
➡

8. 나는 그를 설득시키지 못했다. (fail in; persuade)
➡

9. 그는 원래의 입장을 고집했다. (stick to; original position)
➡

ⓐ **I look up to** my mother.

　나는 우리 엄마를 존경한다.

ⓑ **I looked back on** the past.

　나는 과거를 회상했다.

패 턴 설 명

● "동사+부사+전치사" 모양의 동사구 패턴입니다.

● 이 동사구의 모양에서 "자동사+부사 (전치사적 부사 · 보조부사)"는 1형식동사이다.

　특히 부사는 전치사적 부사 (in, out, up, down, on, off, over, through …)

　보조부사 (along, aside, away, home, together, back …)

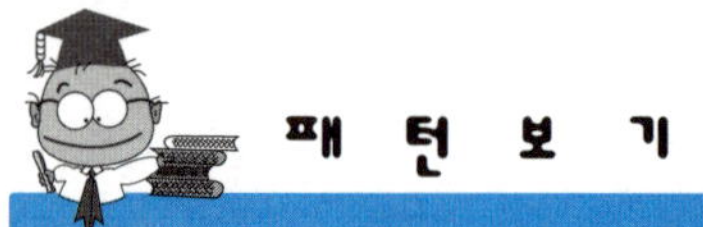

패 턴 보 기

ⓐ look up to → 동사+전치사적 부사+전치사+O

ⓑ looked back on → 동사+보조부사+전치사+O

연 습 해 보 기 (3 - 4)

1. 나는 내 사업을 시작했다. (get down to; business)
➡

2. 나는 그녀 만나기를 기대하고 있다. (look forward to; meet)
➡

3. 물이 무릎까지 올라왔다. (water; come up to; knee)
➡

4. 우리는 그러한 관행을 버려야 한다. (do away with; practice)
➡

5. 그는 잃어버린 시간을 보충해야만 했다. (have to; make up for; lost time)
➡

6. 나는 두통을 참을 수가 없다. (put up with; headache)
➡

7. 그들은 지체없이 일본으로 출발했다. (set out for; without delay)
➡

8. 다른 사람들을 나쁘게 말하지 마. (speak ill of; others)
➡

ⓐ He **is good at** making things.

그는 만드는 일에 재주가 있다.

ⓑ I **am used to** driving a car.

나는 운전하는 것에 익숙하다.

ⓒ They **were afraid for** his safety.

그들은 그의 안전을 걱정했다.

ⓓ Helen **is married to** her schoolmate.

헬렌은 동기생과 결혼했다.

ⓔ I **am** not **concerned with** that matter.

나는 그 일과는 관계없다.

ⓕ I **am concerned about** his health.

그의 건강이 걱정이다.

패 턴 설 명

- 동사구가 "be 동사 + 형용사 (p.p) + 전치사"로 오는 패턴이다.
- "상태"를 나타낼 때 쓰이는 동사구의 모양이다.
- 관용적 표현
- 한편, "be 동사" 대신에 결과를 나타내는 경우에는 "become"을, 동작을 나타내는 경우에는 "get"으로 바꾸어 쓸 수 있다.

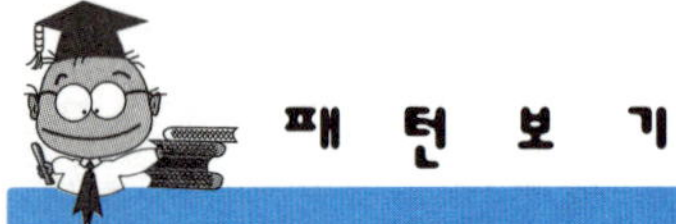

패 턴 보 기

ⓐ be good at → "~에 재주가 있다"

ⓑ be used to~ → "~에 익숙하다"

ⓒ be afraid for → "…을 걱정하다"

ⓓ be married to → "~와 결혼해 살다"

ⓔ be concerned with → "…와 관계가 있다"

ⓕ be concerned about → "…이 걱정이다"

1. 우리는 그의 용기를 존경한다. (be respectful of; courage)
➡

2. 그는 자기의 개인적 한계에 대해 깨닫게 되었다. (become aware of; personal; limitation)
➡

3. 그는 그녀와 10년이 넘게 결혼생활을 해오고 있다. (be married to)
➡

4. 그녀는 근무시간에 대해 만족해 했다. (be satisfied with; the hours)
➡

5. 그는 정치 만화가로 잘 알려진 인물이다. (be well known as; political; cartoonist)
➡

6. 그는 대학에 다니는 동안 수학에 염증을 느꼈다.
   (be bored with; math; throughout his college life)
➡

7. 당신이 계약에서 해제되었을 때, 우리에게 연락하시오. (be released from; contract; contact)
➡

ⓐ He **has a difference with** the teacher.

그는 그 교사와 다르다.

ⓑ One should not **make fun of** those who have made a mistake.

남이 실수를 한다고 해서 놀리면 안돼.

ⓒ Everyone can **take part in** this game.

누구나 이 게임에 참가할 수 있다.

ⓓ She is always **finding faults with** the way I do my hair.

그녀는 항상 나의 머리 손질하는 방법에 대해 단점만 잡으려고 한다.

 패 턴 설 명

- 〈타동사＋추상명사＋전치사〉 모양의 동사구 패턴이다.
- 이 동사구에서 "타동사＋추상명사"는 3형식에 해당된다.
- 타동사는 주로 "have, give, make, find, take"등이 주로 쓰인다.

 패 턴 보 기

ⓐ has a difference with → …과 차이가 있다

ⓑ make fun of → ~를 놀리다

ⓒ take part in → …에 참여하다

ⓓ find faults with → …에 대해 흠을 잡다

1. 그는 특히 고양이를 좋아한다. (have a special liking for)
➡

2. 그녀는 그에게 찍혔다.(그녀는 그에게 좋은 인상을 남겼다) (make a good impression on)
➡

3. 벌써 새 이웃과 친하게 됐어요? (make friends with; neighbor; yet)
➡

4. 그는 그 기회를 이용해야 한다. (take advantage of; opportunity)
➡

5. 증기기관차는 전기기관차에 자리를 내주었다. (give way to; steam train; electric train)
➡

6. 그녀는 어제 사내아이를 낳았다. (give birth to; boy)
➡

7. 그가 하는 말에 신경 쓰지마. (pay attention to; say)
➡

8. 나는 사람들이 춤추고 있는 것을 보는 것을 즐긴다. (take delight in; see; people; dance)
➡

ⓐ They **provided** us **with** a lot of information.

그들은 우리에게 많은 정보를 제공했다.

ⓑ He **gave** some money **to** me.

그는 나에게 약간의 돈을 주었다.

ⓒ He **asked** a question **of** me.

그는 나에게 질문을 했다.

ⓓ My mother **made** a cake **for** me.

어머니께서 나를 위해 케익을 만들어 주셨다.

ⓔ My friend **introduced** his sister **to** me.

친구가 나에게 자기 누이를 소개했다.

ⓕ I **am grateful to** you **for** this opportunity.

이런 기회를 주셔서 감사합니다.

ⓖ You cannot have **your own way** in everything.

만사를 마음대로 할 수는 없다.

ⓗ He enjoyed **himself** after drinking.

그는 술마신 후에 즐거운 시간을 보냈다.

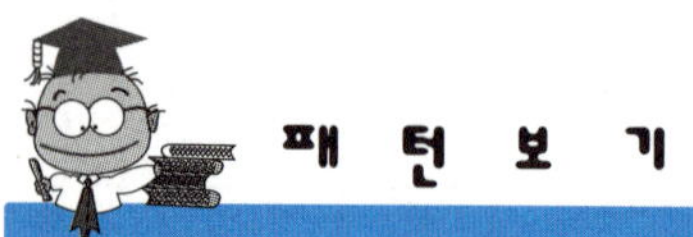

패 턴 보 기

ⓐ provide (a) with (b) → 기본형 "A에게 B를 제공하다"

ⓑ gave (a) to (b) → 수여동사 "방향동사＋A＋to B"

ⓒ asked (a) of (b) → 수여동사 "묻다 · 요구하다＋A＋of B"

ⓓ made (a) for (b) → 수여동사 "~를 위해 ~하다＋A＋for B"

ⓔ introduced (a) to (b) → "착각동사＋A＋to B"

ⓕ am grateful to (a) for (b) → "동사구＋A＋for B"

ⓖ have your own way in (b) → "동사＋A＋in B"

ⓗ enjoyed himself after (b) → "동사＋A＋after B"

- 목적어가 1개만으로는 표현하지 못할 때, 그렇다고 목적어가 2개가 되는 받는 사람, 주는 내용이 나오는 4형식의 패턴은 아닌 경우에 표현하는 형식입니다.
- 따라서 동작의 내용이 "A가 B 하다"/"B가 A 하다"가 됩니다.
- 이때 목적어가 "A"가 되고, 전치사 뒤에 나오는 내용은 "B"가 됨으로써, "A가 B 하다"의 형태가 됩니다.
- S + 타동사 + A + 전치사 + B
- S + 수여동사 + A + 전치사 + B
- S + 착각동사 + A + 전치사 + B
- S + 동사구 + A + 전치사 + B
- S + V + one's way + 전치사 + B
- S + V + 재귀대명사 + 전치사 + B
- 〈수여동사〉인 "방향동사" 〈award, give, make, show, sell, send, tell, read, lend, pass, offer〉 등의 경우에는 전치사 〈to〉를, "묻다 · 요구하다" 동사 〈ask, beg, inquire〉 등의 경우에는 전치사 〈of〉를, "~를 위해 ~하다" 동사 〈buy, call, make〉 등의 경우에는 전치사 〈for〉를 씁니다.
- 〈착각동사〉인 "introduce, suggest, explain, propose, supply, describe, announce, present" 등의 동사들은 3형식동사이지만 4형식동사로 착각하기 쉬운 동사들로 전치사 〈to〉를 쓴답니다.

<기본형>

1. 하늘은 그녀에게 기지와 지성을 주었다. (endow+A+with+B; nature; wit; intelligence)
➡

2. Nina는 나의 여동생을 생각나게 한다. (remind+A+of+B ; sister)
➡

3. 마술사는 스카프를 토끼로 변화시켰다. (change+A+into+B;magician; scarf; rabbit)
➡

4. 아버지는 내가 아버지의 자동차를 운전하는 것을 반대했다. (prohibit+A+from+B)
➡

5. 우리는 폭설로 인해서 외출할 수 없게 되었다. (prevent+A+from+B; heavy snow; go out)
➡

6. 조심성이 없다고 어머니께서 나를 꾸짖었다. (scold+A+for+B; carelessness)
➡

7. 세관은 내 재산에 세금을 부과했다. (impose+A+on+B; customs; tax; property)
➡

8. 쓸데없는 일에 열정을 낭비하지 말아라. (waste+A+on+B; energy; unpractical;)
➡

9. 그는 5불짜리 지폐를 1불 짜리 5장으로 바꾸었다. (change+A+into+B)
➡

10. 정부는 우리의 자유를 강탈했다. (deprive+A+of+B; government; freedom)
➡

11. 나 늦은 거 용서해 줘. (excuse+A+for+B)
➡

12. 그는 나에게 의사를 부르라고 보냈다. (send+A+for+B; doctor)
➡

13. 제인은 나에게 회의를 통보해 주었다. (inform+A+of+B; meeting)
➡

<S+수여동사+O+전치사~>

14. 그는 사건의 진상에 관한 모든 것을 나에게 말했다. (tell; fact; case)

→

15. 그는 기자에게 회견을 허락했다. (give; interview; reporter)

→

16. 그는 돈을 달라고 나에게 구걸했다. (beg; money)

→

17. 그는 나를 위해서 택시를 불러 주었다. (call; taxi)

→

18. 그녀는 우리 모두에게 커피를 내 놓았다. (make; all of us)

→

<S+착각동사+O+to~>

19. 그는 Sarah에게 프로포즈 했다. (propose; marriage)

→

20. 나는 그에게 그 정책은 불가피하다고 설명했다. (explain; policy; inevitable)

→

21. 그에게 사과의 말을 전해 주세요. (present; humble; apology)

→

<S+동사구+O+전치사~>

22. 그는 승마클럽에 입회를 신청했다. (apply for; admission; riding club)

→

ⓐ He **turned on** the light.

→ He **turned** the light **on**.

그는 불을 켰다.

ⓑ I **took** the day **off**.

난 그날 하루 결근했다.

ⓒ He **woke** me (**up**).

그가 나를 깨웠다.

패 턴 설 명

- 이   패턴에 쓰이는 부사로는 보통 "in, out, up, down, on, off, over, through, behind, away, along, hard, home" 등 "전치사적 부사"혹은 "보조부사"가 쓰인다.
- "S+V+O+부사" 동사구의 형태에는 2가지 모양이 있다.
- 첫째, "S+V+부사+O" 를 "S+V+O+부사"의 형태로 바꾸어 쓴 경우와 처음부터 "S+V+O+부사"의 형태로 되어 있는 경우이다.
- 물론 부사가 강조로 쓰인 경우도 있다.

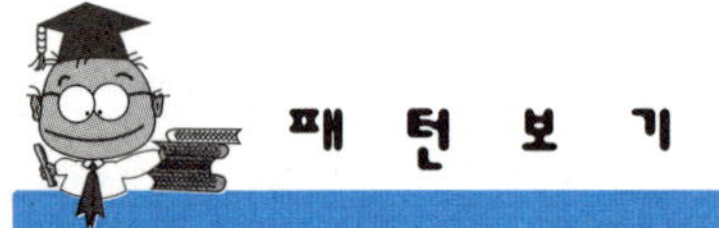

패 턴 보 기

ⓐ turned on → turned+O+on

ⓑ took the day off → "동사+O+부사"로만 쓰이는 경우

ⓒ woke me up → 부사가 강조되어 쓰인 경우

연 습 해 보 기 (3 - 8)

<S+V+부사+O → S+V+O+부사>

1. 신발 신어. (put+O+on)
➜

2. 너는 외투를 벗는게 좋을 거야 (had better; take+O+off; overcoat)
➜

3. 그녀는 눈을 털었다. (shake+O+off)
➜

4. 나는 그 곳을 말끔히 청소했다. (clean+O+out; place)
➜

5. 그녀는 그를 훑어봤다 . (look+O+over)
➜

6. 그는 많은 고난을 겪었다. (go+O+through; hardship)
➜

7. Sarah만 보면 재수가 좋아. (turn+O+on)
➜

8. 계속되는 습한 날씨가 나를 우울하게 한다. (continual; wet; weather; get+O+down)
➡

9. 난 더 이상 참을 수 없다. (stick it out; any longer)
➡

10. 그는 많은 재산을 남기고 죽었다. (leave+O+behind; fortune)
➡

11. 여러분들은 당신의 아이들을 난로가에 가까이 오지 못하도록 해야 합니다.
    (you; keep+O+away; children; from the fire)
➡

12. 그는 그녀의 죽음을 힘겹게 받아들였다. (take+O+hard; death)
➡

13. 그녀는 버스 타고 집에 왔다. (take+O+home; bus)
➡

ⓐ I **fell in love with** her.

나는 그녀와 사랑에 빠졌다.

ⓑ **Keep in touch with** me.

연락 계속하자.

패 턴 설 명

● 관용적 표현

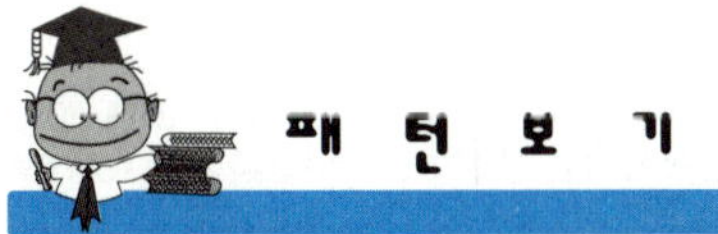

패 턴 보 기

ⓐ feel in love with her → 동사 + 전치사구 + 전치사 + O
ⓑ keep in touch with her → 동사 + 전치사구 + 전치사 + O

연 습 해 보 기 (3 - 9)

1. 나한테 연락해줘. (get in touch with)
➡

2. 그거 명심해. (keep; in; mind)
➡

ⓐ I have **a hobby**.

나는 취미가 있다.

ⓑ You can't please **everybody**.

모든 사람을 다 만족시킬 수는 없다.

ⓒ **Take care** not to break it.

깨뜨리지 않도록 조심해.

ⓓ We **had a good time**.

우리는 즐거운 시간을 보냈다.

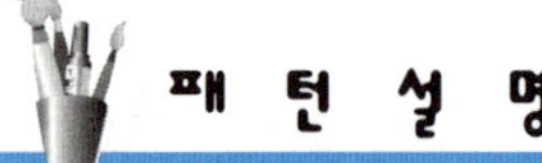

패 턴 설 명

- 주어가 하는 동작의 대상 (=목적어)이 명사나 대명사로 오는 패턴이다.
- 관용적 표현을 주의해야 한다.

패 턴 보 기

ⓐ a hobby → "명사" 목적어

ⓑ everybody → "대명사" 목적어

ⓒ take care → 관용적 표현

ⓓ have a good time → 관용적 표현

연 습 해 보 기 (3 - 1 0)

1.Sarah는 Kevin과 결혼했다. (marry)

2. 우리는 조국을 사랑한다. (love; our own country)

3. 몇몇 한국 사람만이 러시아어를 안다. (few; know; Russian)

4. 과학이라고 해서 무에서 유를 창조할 수는 없다.
(even; science; create; something; from nothing)

5. 내가 살아있는 동안 당신의 신세를 절대로 잊지 못할 것예요.
(never; forget; kindness; as long as; live)

6. 나는 감기에 걸렸었다. (have; cold)

7. 그녀는 살이 많이 쪘다.   (gain; a lot of; weight)

8. 나는 요새 입맛이 없다. (lose; appetite)

→

9. 그는 학교에선 말썽을 일으키지 않는다. (make; trouble; school)

→

10. 우리는 어려움을 피하기 위해 조치를 취해야 한다. (take; step; avoid; trouble)

→

11. 그는 친절하게도 나에게 길을 가르쳐 주었다. (kindness; show; way)

→

12. 그는 뻔뻔하게도 초대받지 않고도 온다.   (nerve; come; uninvited)

→

13. 그녀는 혼잣말을 하는 버릇이 있다.   (habit; talk to)

→

14. 나는 교사가 될 줄은 몰랐다. (idea; become; teacher)

→

> ⓐ You must keep **your promise**.
>
> 너 약속 꼭 지켜.
>
> ⓑ You cannot have **your own way** in everything.
>
> 모든 것을 네 맘대로 할 수는 없다.

패 턴 설 명

- 동작의 대상으로 〈one's + 명사〉 또는 〈one's + way〉가 오는 패턴이다.
- 〈one's + way〉의 경우에는 뒤에 전치사를 동반하여 〈주어 + 동사 + one's + way + 전치사 + B〉의 패턴을 만든다. 이 문장은 〈B에 대해서 주어의 수단 · 방법이 V하다〉로 해석한다.

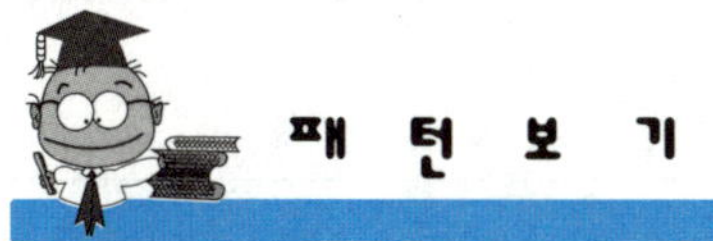

패 턴 보 기

ⓐ keep your promise → keep + one's + 명사

ⓑ have your own way in everything → have + one's + way + in + B

<S+V+one's+명사>

1. 그녀는 실연으로 가슴이 찢어지게 아팠다. (break; heart; disappointed; love)

➡

2. 예전의 열정이 없어 . (enthusiasm)

➡

3. 우리는 그녀를 설득시키려고 최선을 다했다. (do one's best; persuade)

➡

4. 그는 글을 써서 살아간다. (earn one's living; writing)

➡

5. 그는 회의 동안에 침묵하였다. (hold one's tongue; meeting)

➡

6. 그는 나에게 화를 냈다. (lose his temper)

➡

7. 나는 그녀와 결혼하지 않기로 결심했다. (make up my mind; marry)

➡

8. 그는 자신의 계획 실현을 향해 신중히 고려하고 있었다.
   (feel one's way toward; accomplishment; plan)
➡ ____________________________

____

9. 나는 마을로 가는 길을 찾을 수가 없었다. (find one's way into)
➡ ____________________________

____

10. 그는 고학으로 대학까지 마쳤다. (pay one's way through; college)
➡ ____________________________

____

11. 이 강들은 호수로 흘러든다. (river; find one's way into)
➡ ____________________________

____

12. 죄송하지만, 저는 당신에게 집을 빌려드릴 수가 없습니다.
   (see one's way to; allow; rent; house)
➡ ____________________________

____

ⓐ She killed **herself**.

그녀는 자살했다.

ⓑ He enjoyed **himself** after dancing.

그는 춤을 춘 후에 즐겁게 시간을 보냈다.

ⓒ She starved **herself** to death.

그녀는 굶어 죽었다.

ⓓ He did the work **himself**.

그는 혼자서 그 작업을 했다.

패턴 설명

● 대상 (＝목적어) 이 "재귀대명사"로 오는 패턴이다.

● 주어가 하는 동작의 대상이 "주어 자신"인 경우에 목적어가 재귀대명사로 온다.

● 목적어가 재귀대명사로 오는 경우에 "ⓐ가 ⓑ하다"의 관용어 패턴을 만들어 내기도 한다.

● 재귀대명사 뒤에 "to＋명사"가 와서 주어가 하는 동작의 결과를 나타내기도 한다.

● 재귀대명사는 강조를 나타내는 부사로도 쓰인다.

패턴 보기

ⓐ herself → "재귀대명사" 목적어

ⓑ enjoy himself after dancing → "A가 B하다" 패턴

ⓒ to death → 동작의 결과

ⓓ himself → 강조를 나타내는 "재귀대명사"

연 습 해 보 기 (3 - 1 2)

1. 역사는 반복된다. (history; repeat)
➜

2. 그녀는 망신당했다. (disgrace)
➜

3. 그는 조심하지 않으면 다칠 것이다. (hurt; take; care)
➜

4. 그는 새로운 환경에 빠르게 적응한다. (adapt; quickly; circumstance)
➜

5. 그는 영어공부에 몰두했다. (devote oneself to~; studying English)
➜

6. 그녀는 요리 솜씨를 자랑한다. (pride oneself on~; cooking skill)
➜

7. 나는 일주일 내내 집에 있었다. (confine oneself to~; all through the week)
➜

8. 그는 훌륭한 영어로 자기 생각을 말했다. (express oneself in~)
➜

ⓐ He **decided** <u>to sell</u> his automobile.

그는 자기의 자동차를 팔 것을 결심했다.

ⓑ She **enjoys** <u>dancing</u>.

그녀는 춤추는 것을 즐긴다.

ⓒ I **forgot** <u>to see</u> you.

나는 너를 만나기로 한 것을 잊었다.

ⓓ I **forgot** <u>seeing</u> you.

나는 너를 만났던 것을 잊었다.

ⓔ I don't **like** <u>to smoke</u> now.

나는 지금 담배를 피고 싶지 않다.

ⓕ He **likes** <u>smoking</u>.

그는 흡연을 즐긴다.

ⓖ This radio **needs** <u>to be fixed</u> (= fixing).

이 라디오는 수리해야 한다.

패 턴 보 기

ⓐ decided to sell → 동사+to V

ⓑ enjoys dancing. → 동사+동명사

ⓒ forgot to see → 동사+to V (=미래)

ⓓ forgot seeing → 동사+동명사 (=과거)

ⓔ like to smoke → 동사+to V (=일시적인 동작)

ⓕ likes smoking → 동사+동명사 (=경향 · 습관 · 일반적인 사실)

ⓖ needs to be fixed (fixing) → 동사+<u>to be +p.p.</u>

= 동명사 (수동의 의미로 해석)

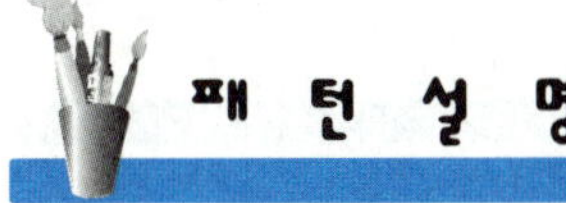 패 턴 설 명

- ●〈부정사〉를 목적어로 받는 동사 :

 "afford, agree, arrange, ask, choose, contrive, decide, demand, deserve, desire, endeavor, expect, fail, hope, learn, long, manage, offer, pretend, promise, refuse, threaten, want, wish". etc

- ●〈동명사〉를 목적어로 받는 동사 :

 "abominate, acknowledge, admit, advocate, anticipate, appreciate, avoid, celebrate, consider, contemplate, defer, delay, deny, detest, dislike, dispute, doubt, endanger, enjoy, entail, excuse, fancy, favor, finish, foresee, forgive, grudge, imagine, include, involve, justify, keep, mention, mind, miss, necessitate, pardon, postpone, practice, prevent, prohibit, recall, recollect, repent, report, resent, resist, resume, risk, stop, suffer, suggest, tolerate, understand". etc

- ●〈부정사〉와 〈동명사〉를 목적어로 받을 수 있으나 "to do"는 미래의 의미, "동명사"는 과거의 의미를 나타내는 동사 :

 "stop, propose, regret, forget". etc

- ●〈부정사〉와 〈동명사〉를 목적어로 받을 수 있으나 "to do"는 일시적인 동작, "동명사"는 습관·경향·일반적인 사실을 의미하는 동사 :

 "like, hate, prefer, love, dread, intend, begin, start, continue, commence, neglect, plan"

- ●〈to be＋p.p.〉형태나 〈수동의 의미인 동명사〉로 목적어를 받을 수 있는 동사 :

 "deserve, need, want, require" 등.

연 습 해 보 기 (3 - 13)

<S+V+to V~>

1. 그는 하나 더 사기로 결심했다. (decide; buy; another)
➡

2. 나는 가까스로 생계를 꾸려나갔다. (manage; earn; living)
➡

3. 그녀는 그의 말을 못 들은 척하였다. (pretend; hear)
➡

4. 그녀는 의사가 되고 싶었었다. (want; doctor)
➡

5. 모든 인간은 행복하기를 바란다. (all; men; desire; happy)
➡

6. 그는 아무리해도 진정하려 하지 않았다. (refuse; put down)
➡

7. 너는 신중히 하는 것을 배워야한다. (learn; careful)
➡

<S+V+~ing>

8. 그는 그녀를 그의 팔에 안는 것이 즐겁지도 않았다. (enjoy; having her in one's arms)
➡

9. 그녀는 미소 짓지 않을 수가 없었다. (could not help ~ing)
➡

10. 나는 다만 좋은 조력자가 되지 못하는 것을 걱정하는 것입니다.
    (only; fear; a good helper)
➡

11. 그들은 내가 늦은 것을 용서해 주지 않았다. (excuse; my being late)
➡
____

12. 그는 간신히 사고로 인한 죽음을 면했다. (narrowly; escape; being killed; in the accident)
➡
____

<S+V+to V · ~ing>
13. 그는 말을 하려고 멈췄다. (stop; to talk)
➡
____

14. 그는 말을 멈췄다. (talking)
➡
____

15. 그는 웃기 시작했다. (begin; laugh)
➡
____

16. 그는 30분 동안 계속해서 역사에 대해 얘기했다. (continue; speak of; history; for half an hour)
➡
____

17. 우리는 서쪽으로 여행을 떠날 계획이다. (be planning to; take a trip; to the west coast)
➡
____

18. 그녀는 오랫동안 한 곳에 머물기를 싫어한다. (hate; stay; in the same place; long)
➡
____

19. 나는 소설 읽기를 좋아한다. (like; reading novels)
➡
____

<S+V+to be+P.P. · ~ing>
20. 우리 집은 수리해야만 한다. (renovating)
➡
____

21. 내 스웨터는 손 볼 필요가 있다. (to be mended)
➡
____

ⓐ I forgot **whether he would come on Monday or Tuesday**.

그가 월요일에 오는지 화요일에 오는지 잊어버렸다.

ⓑ We think **that he is an honest man**.

우리는 그가 정직한 사람이라고 믿는다.

ⓒ I don't know **what to do**.

나는 무엇을 해야할 지 모르겠다.

ⓓ He admitted that he had made a mistake **to his teacher**.

→ He admitted **to his teacher** that he had made a mistake.

그는 자신이 실수했다는 것을 그의 선생님에게 시인했다.

ⓔ He **urged** that we accept the offer.

우리가 그 제의를 받아드려야 한다고 그는 주장했다.

패 턴 보 기

ⓐ forgot whether he~ → "접속사 S + V + ~" 목적어

ⓑ think that he~ → "접속사 S + V + ~" 목적어

ⓒ what to do → "접속사 + to V~" 목적어

ⓓ admitted to his teacher that ~ → 동사 + to 사람 + 접속사 s + v + ~

ⓔ He urged that we accept the offer → 동사(강한 주장) + 접속사 S + (shoud) + 동사원형

패턴설명

- 주어가 하는 동작의 대상이 〈접속사 S＋V～〉로 오는 패턴이다.
- "접속사 S＋V～"는 〈실제적인 사실〉을 표현할 때 쓴다.
- "접속사 S＋V～"는 의미가 변하지 않는 경우에 〈접속사＋to V〉로 바꾸어 쓸 수 있다.
- "접속사 S＋V～" 뒤에 나머지 말이 〈to＋사람〉으로 오는 경우에 "S＋동사＋to＋사람＋접속사 S＋V～" 형태로 쓴다.
- 한편, 주절에 〈제안ㆍ충고ㆍ주장ㆍ요구ㆍ명령ㆍ결정〉(suggest, advise, recommend, insist, urge, demand, require, request, desire,order, decide,) 등을 나타내는 말이 있는 경우에 종속절의 동사는 〈동사원형〉이나 〈should＋동사원형〉을 쓴다.
- 〈접속사 S＋V～〉를 목적어로 받을 수 있는 동사 :

"agree, arrange, ask, decide, demand, desire, expect, hope, learn, long, offer, pretend, promise, wish, command, direct, entreat, implore, order, persuade, remind, require, acknowledge, admit, advocate, anticipate, appreciate, deny, doubt, fancy, foresee, mention, recall, recollect, report, suggest, understand" etc

<S+V+접속사 S+V~>

1. 나는 그가 왜 안 왔는지 궁금하다. (wonder; why; come)
➜

2. 우리는 그가 훌륭한 정치가라고 믿는다. (think; great; statesman)
➜

3. 시간이 얼마나 중요한지 아는 사람은 별로 없다. (few; people; know; how important; time)
➜

4. 나의 부모님은 내가 무엇을 하든지 반대한다. (parents; disapprove; do)
➜

5. 그는 혼자 있는 것이 어떤 것인가를 이제 방금 알게 되었다. (just; learn; what; to be alone)
➜

<S+V+접속사+to V>

6. 나는 도대체 어디로 가야 할지를 몰랐다. (know; where; the hell; go)
➜

7. 그는 어떻게 해야 할지 망설이는 경우가 많다. (often; hesitate; do)
➜

8. 그는 그것을 읽어 본 적이 없다고 나에게 실토했다. (confess; read)

➡

9. 그녀는 그것을 참을 수 없었다고 나에게 말했다. (say; tolerate)

➡

10. 나는 그들이 나의 충고를 따를 것을 제안한다. (suggest; follow; advice)

➡

11. 아버지는 우리에게 평일에는 텔레비젼을 보지 말라고 하셨다. (order; watch; on weekdays)

➡

> ⓐ <u>To write a letter even to him</u> bored her.
>
> 그에게 조차 편지 쓴다는 것이 그녀를 따분하게 만들었다.
>
> → **It** bored her **to write a letter even to him**.
>
> ⓑ **It** is said <u>that he is the richest man in the town.</u>
>
> 그가 이 마을에서 제일가는 부자라고 한다.

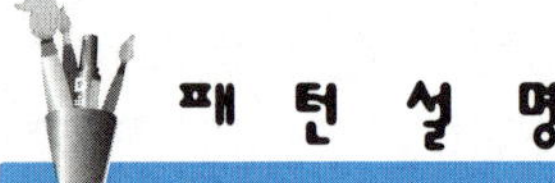

패 턴 설 명

- "to V"가 주어로 오는 3형식 문장은 〈It＋동사＋O＋to V〉 형태의 "가주어 · 진주어" 패턴으로 전환될 수 있다.
- "접속사＋S＋V~"가 목적어로 오는 3형식 문장은 〈It＋be＋~p.p.＋접속사＋S＋V~〉 형태의 "가주어 · 진주어" 패턴으로 전환될 수 있다.

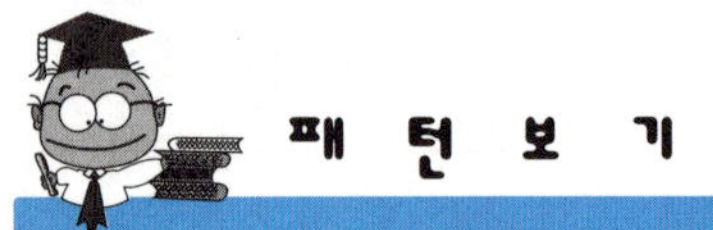

패 턴 보 기

ⓐ It bored her to write ~ → It＋동사＋O＋to V~
ⓑ It is said that he is ~ → It＋수동태 동사＋접속사＋S＋V~

연습해보기 (3 - 15)

1. 빌이 달리기에서 이겼다고 들은 것이 나를 놀라게 했다. (surprise; hear; win; race)
➡

2. 당신이 양식한 진주와 진짜 진주를 구별하는데는 몇 년이 걸린다.
   (take; several; distinguish A from B; cultured pearl; genuine pearl)
➡

3. 그가 여행 중에 수집했던 잡동사니 더미를 분류하는데는 몇 주일이 걸렸다.
   (weeks; assort; agglomeration; miscellaneous items; collect; on his trip)
➡

4. 그녀가 죽었다는 소문이 나 돌았다. (say; dead)
➡

5. 그는 훌륭한 정치가로 알려져 있다. (great; statesman)
➡

6. 그가 적을 위해 일했다는 주장이 있다. (alleged; work; enemy)
➡

ⓐ We owe **that no one would get hurt in the accident** to you.

→ We owe **it** to you **that no one would get hurt in the accident.**

그 사고에서 부상자가 나지 않는 것은 당신 덕분입니다.

ⓑ Don't pay attention to **what he says**.

→ Don't pay attention to **it what he says**.

그가 말하는 거 신경쓰지마.

패턴설명

- 동작의 내용이 "A가 B하다"의 경우에 목적어인 A가 "to V, 동명사, 접속사 S+V~"로 오는 경우에 〈S+동사+it+전치사+B+진목적어〉 형태의 "가목적어 · 진목적어" 패턴으로 전환될 수 있다.

- 동사구의 목적어가 "접속사+S+V~"의 형태 등으로 긴 경우에 〈S+동사구+it+접속사 S+V~〉 형태의 "가목적어 · 진목적어" 패턴으로 전환될 수 있다.

패턴보기

ⓐ owe it to you that no one was ~ → S+동사+it+전치사 B+접속사+S+V~

ⓑ Don't pay attention to it what he~ → 동사구+it++접속사+S+V~

<S＋동사＋it＋전치사 B＋진목적어>

1. 우리가 건강을 유지하고 있는 것은 부모님 덕분이다. (owe A to B; parents; keep; healthy)

➡ ____

2. 내가 아직 살아 있다는 것은 내 아내 덕분이다. (owe A to B; alive)

➡ ____

3. 우리는 어느 것을 선택할지 결심하는 것을 당신의 양심에 맡길 것이다.
   (leave A to B; conscience; decide; choose)

➡ ____

<S＋동사구＋it＋접속사＋S＋V〜>

4. 나는 이 사람이 정직하다는 것을 보증한다. (answer for; honest)

➡ ____

5. 그가 찬성하든 안하든 나는 개의치 않는다. (care about; whether; approve)

➡ ____

6. 누가 그 일을 꼭 할 것인지 그들은 합의할 수 없었다. (agree about; do; work)

➡ ____

4 형식

주어가 하는 동작의 대상이 두 개 올 때 쓰는 패턴

- 주어가 하는 동작의 대상이 두 개 오는 표현은 4형식을 씁니다.
- 목적어의 내용은 〈주는내용〉과 〈받는사람〉의 관계랍니다.
- 이때 "받는 사람"을 먼저 쓰는데 받는 사람을 "간접목적어"라고 하고, "주는 내용"을 뒤에 쓰는데 이를 "직접목적어"라고 합니다.
- 4형식동사로는 〈wish · do · forgive · find〉 등을 비롯해서 〈수여동사〉가 쓰입니다.

ⓐ I gave him **some money**.

　나는 그에게 약간의 돈을 주었다.

ⓑ I wish you **a happy birthday**.

　네가 행복한 생일이었으면 좋겠다.

ⓒ She told me **nothing**.

　그녀는 나에게 아무것도 말하지 않았다.

ⓓ Please bring me back **those books**.

　나에게 그 책들을 돌려줘.

패 턴 설 명

● 주는 내용(=직접목적어)이 "명사 · 대명사"로 오는 패턴이다.

패 턴 보 기

ⓐ gave him some money → 수여동사+받는사람+주는내용

ⓑ wish you a happy birthday → 수여동사+받는사람+주는내용

ⓒ told me nothing → 수여동사+받는사람+주는내용

ⓓ bring me back those books → 동사+받는사람+부사+주는내용

연 습 해 보 기 (4 - 1)

1. 그는 나에게서 좋은 것을 찾는다. (find; good)

➡

2. 한번만 봐 주세요.(다시는 안 그럴게요.) (give; a break)

➡

3. 그는 그녀에게 일자리를 주겠다고 제의했다. (offer; job)

➡

4. 그는 그 여자에게 사탕 한 상자를 보냈다. (send; a box of sweets)

➡

5. 그는 당신에게 한 가지도 보여 주지 않을 것이다. (show; thing)

➡

6. 나는 기꺼이 당신에게 그 돈을 빌려 드리겠습니다. (be willing to do; lend)

➡

7. 아버지는 나에게 새 컴퓨터 한 대를 사주셨다. (buy)

➡

8. 소금 좀 집어 주시겠어요? (pass; salt)
➡

9. 커피 한 잔만 갖다줘! (bring; a cup of coffee)
➡

10. 이번 주 토요일에 시간 좀 내 주실 수 있겠습니까? (spare; some time; this saturday)
➡

11. 그는 교육부 장관 자리를 제의 받았다. (offer; the position of Education Minister)
➡

12. 표를 사주시겠습니까? (get; ticket)
➡

13. 더 주문 하시겠습니까? (get; anything else)
➡

<S+V+받는사람+부사+주는내용>
14. 그는 나에게 책 한 꾸러미를 만들어 주었다. (make+O+up; a parcel of book)
➡

15. 그들은 사람들에게 그들의 자유를 되돌려 주었다. (give+O+back; freedom)
➡

ⓐ She didn't tell me **where her mother bought it**.

그녀는 그녀의 어머니가 그것을 어디서 샀는지 말해 주지 않았다.

ⓑ He told me **(that) he had been ill**.

그는 줄곧 아팠다고 말했다.

ⓒ Please advise me **which is the best way**.

어느 것이 가장 좋은 방법인지 나에게 충고해 주세요.

 패 턴 설 명

- 주는내용(=직접 목적어)이 "접속사＋S＋V～"의 형태로 오는 패턴이다.

 패 턴 보 기

ⓐ where her mother bought it → 접속사 + S + V ～

ⓑ (that) he had been ill → 접속사 + S + V ～

ⓒ which is the best way → 접속사 + S + V ～

# 연 습 해 보 기 (4 - 2)

1. 난 오늘 오겠다고 너한테 얘기했어. (tell; come; today)

➡

2. 우리는 비서에게 디렉터가 5시전에는 돌아올 수 있는지 없는지 물었다.
   (ask; secretary; whether; director; back; before)

➡

3. 너한테 그 소란은 이제 시작일 뿐이라고 경고하겠어. (warn; turmoil; begin)

➡

4. 이게 뭔지 말해줘. (tell; what this is)

➡

5. 그는 자신이 그녀를 만나기를 고대한다고 확신했다. (persuade; look forward to~; see)

➡

ⓐ He showed me **where to go**.

그는 내가 갈 곳을 안내했다.

ⓑ He taught them **how to build a canoe**.

그는 그들에게 카누를 건조하는 방법을 가르쳤다.

ⓒ She asked me **what clothes to take**.

그녀는 나에게 무슨 옷을 입어야 할 지를 물었다.

패 턴 설 명

● 직접대상이 "접속사 + to V"의 형태로 오는 패턴이다.

● 본 패턴은 "접속사＋S＋V~"의 변형이다.

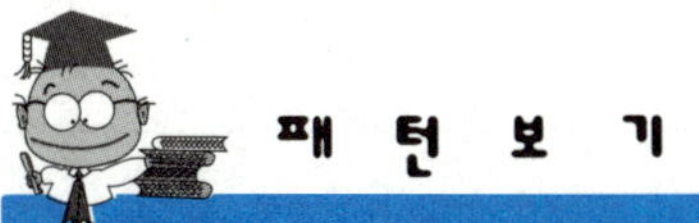

패 턴 보 기

ⓐ where to go → 접속사 + to V

ⓑ how to build a canoe → 접속사 + to V

ⓒ what clothes to take → 접속사 + to V

1. 나는 그들에게 그것을 어떻게 작동시키는지를 보여 주었다. (show; operate)

➜

2. 내가 당신에게 그것들을 찾아내는 방법을 말해 주겠다. (tell; find)

➜

3. 그는 당신에게 어디로 가야 할지를 안내할 것이다. (show; go)

➜

4. 경찰관이 나에게 야구장 입장권 사는 곳을 알려 주었다.
   (policeman; inform; admission ticket; ball park)

➜

5. 은행 매니저가 당신의 돈을 어느 곳에 투자하는 것이 좋을 지를 알려 드릴 것입니다.
   (bank; manager; advise; invest; money)

➜

5 형식

**주어가 하는 동작의 대상과 그 대상을 설명하는
말이 올 때 쓰는 패턴**

- 주어가 하는 동작의 대상인 "목적어"와 그 대상을 설명하는 "목적보어"가 와야 하는 표현은 5형식을 씁니다.
- 대상을 설명하는 목적보어는 "명사" "형용사" "준동사"가 쓰입니다.
- 5형식동사를 "불완전타동사"라고 부릅니다.

ⓐ Leave the windows **open**.

창문을 열어 놓은 채로 놔둬.

ⓑ Please don't take me **wrong**.

날 오해하지 마세요.

ⓒ He opened his suitcase **flat**.

그는 여행 가방을 활짝 열었다.

ⓓ He drank himself **ill**.

그는 술 마셔서 아팠다.

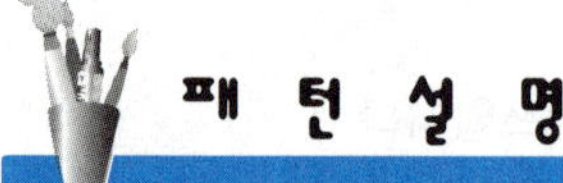

패 턴 설 명

- 대상 (=목적어)을 설명하는 목적보어로 "형용사"가 오는 패턴이다.
- 이때의 형용사는 대상에 대해 "상태" 관계를 나타낸다.

패 턴 보 기

ⓐ the windows open → open은 the windows의 상태

ⓑ me wrong → wrong은 me의 상태

ⓒ his suitcase flat → flat은 his suitcase의 상태

ⓓ He drank himself ill → "He drank himself"와 "ill"은 서로 원인과 결과

1. 커피를 준비해 줘. (please; get; ready)
➡

2. 날 오해하지마. (wrong)
➡

3. 그것으로 모든 것이 명백해진다. (make; everything; clear)
➡

4. 잘가고 몸조심해. (keep; healthy)
➡

5. 저는 연한 커피를 좋아해요. (like; coffee; weak)
➡

6. 이 코트는 너를 따뜻하게 해 줄 거야. (coat; keep; warm)
➡

7. 나는 나의 방을 깨끗하게 정돈해 놓았다. (have; room; clean; tidy)
➡

8. 그는 술마셔서 아팠다. (drink/drank/drunk; ill)
➡

9. 그녀는 밀어서 문을 열었다. (push; door; open)
➡

10. 나는 그를 꽉 붙잡았다. (hold; tight)
➡

11. 그는 소리쳐서 목이 쉬었다. (shout; hoarse)
➡

> ⓐ The troops left the city **a ruin**.
>
> 군대는 그 도시를 폐허로 만들었다.
>
> ⓑ We elected him **president**.
>
> 우리는 그를 위원장으로 선출했다.

패턴설명

- 대상 (=목적어)을 설명하는 목적보어로 "명사"가 오는 패턴이다.
- 이때의 명사는 대상과 "동격" 관계를 갖는다.

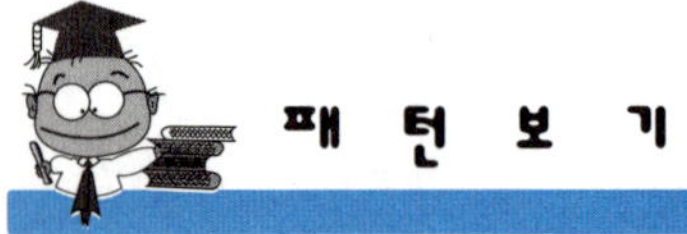

패턴보기

ⓐ the city a ruin → 목적어 (the city) = 목적보어 (a ruin)

ⓑ him president → 목적어 (him) = 목적보어 (president)

연 습 해 보 기 (5 - 2)

1. 우리는 그를 천재라 부른다. (call; genius)
➡

2. 우리는 그를 지배인으로 임명했다. (appoint; manager)
➡

3. 나는 항공술을 나의 전문 직업으로 삼았다. (make; aviation; profession)
➡

4. 그 배는 'Clara' 호라고 명명되었다. (name; ship)
➡

5. 나는 머지않아 그를 훌륭한 요리사가 되게 하겠다. (cook ; before long(=soon))
➡

ⓐ We would like her **to come** to the party.

　우리는 그녀가 파티에 와주기를 바란다.

ⓑ I can't understand him **behaving** like that.

　나는 그가 그렇게 행동하는 것을 이해할 수 없다.

ⓒ He wanted his car **fixed** right away.

　그는 자기 차를 즉시 수리해 주기를 원했다.

- 대상 (＝목적어)을 설명하는 목적보어로 "준동사"가 오는 패턴이다.
- 이때의 목적보어인 준동사는 대상과 "주어＋동사" 관계를 갖는다.
- 한편, "to do"는 목적어에 대해 "미래를 지향"하고, "~ing"는 "진행"을 나타내며, "p.p."는 "수동의 관계"를 나타낸다.

ⓐ her to come → "to come"은 목적어 "her"에 대해 "미래"를 지향

ⓑ him behaving → "behaving"은 목적어 "him"에 대해 "진행" 관계

ⓒ his car fixed → "fixed"는 목적어 "his car"에 대해 "수동" 관계

연 습 해 보 기 (5 - 3)

<S+V+O+to V>

1. 화이트 씨는 그 사람이 2주간의 휴가를 갖도록 허락했다. (allow; have a vacation)
➡

2. 나는 당신이 다시는 그녀를 만나지 않기를 바란다. (want; meet; not~any more)
➡

3. 그녀는 나에게 가 줄 것을 부탁했다. (beg: go)
➡

4. 당신은 그가 떠들어대도록 자극했다. (encourage; rant)
➡

5. 그는 어쩔 수 없이 말할 수밖에 없었다. (force; speak)
➡

6. 네가 곧 회복됐으면 좋겠다. (wish ; get well)
➡

<S+V+O+~ing>

7. 당신은 나를 하루종일 기다리게 할 건가요? (be going to; keep; wait; all day long)
➡

8. 그는 그의 아버지가 동쪽 정원에서 어린 사과나무에 물을 주고 있는 것을 발견했다.
   (find; water; a young apple tree; in east garden)
➡

9. 우리는 악대가 공원에서 연주하는 것을 들었다. (listen to; band; play; in the park)
➡

<S+V+O+P.P.>

10. 그는 자기의 레포트를 타이프 해 줄 것을 원했다. (want; report; type)
➡

11. 그는 단지 그녀가 가기만을 원했다. (only; want; go)
➡

ⓐ I **let** her go.

나는 그녀가 가도록 내버려두었다.

ⓑ You must **make** yourself respected.

너는 스스로 존경받도록 처신해야 한다.

ⓒ I can't **have** you doing that.

나는 네가 그렇게 행동하도록 내버려 둘 수 없어.

ⓓ We **saw** him go out.

우리는 그가 나간 것을 보았다.

ⓔ She **felt** the fear growing.

그녀는 점점 더 무서워졌다.

ⓕ I **heard** my name called.

나는 내 이름이 불려진 것을 들었다.

ⓖ I **helped** him (to) move.

나는 그가 이사하는 것을 도왔다.

 패 턴 설 명

● 〈사역동사와 지각동사〉가 5형식동사로 오는 패턴이다.

● 이때 목적보어로는 〈준동사〉가 온다.

● 목적어에 대해 "완료의 의미"를 가지면 〈동사원형〉을, 수동의 관계인 경우에는 〈~p.p.〉로, 진행의 관계에는 〈~ing〉로 받는다.

● 〈have, make, let〉을 "사역동사"라고 하는데, "let"의 경우에는 목적보어로 "동사원형"만 온다.

● 〈see, watch, notice, hear, smell, feel〉등을 "지각동사"라고 하는데, "smell"의 경우에는 목적보어로 "~ing"만 온다.

● 〈help〉 동사는 사역이나 지각동사는 아니지만 "to" 없이 동사원형을 목적보어로 받을수 있다.

ⓐ I let her go → 사역동사+O+동사원형

ⓑ You must make yourself respected → 사역동사+O+~p.p.

ⓒ I can't have you doing that → 사역동사+O+~ing

ⓓ We saw him go out → 지각동사+O+동사원형

ⓔ She felt the fear growing → 지각동사+O+~ing

ⓕ I heard my name called → 지각동사+O+~p.p.

ⓖ I helped him (to) move → help+O+동사원형

연 습 해 보 기 (5 - 4)

1. 넌 그가 그것을 믿게 할 수 없을 거야. (believe)
➡

2. 나는 그가 내 집에서 피아노를 치게 하지 않을 거예요. (play; in one's house)
➡

3. 당신은 무엇 때문에 그렇게 생각합니까? (think; so)
➡

4. 그들은 내가 다시 젊어지는 것을 느끼게 했다. (feel; young; again)
➡

5. 그녀가 그 돈을 가지게 해라. (keep)
➡

6. 나는 머리를 잘라야 되겠다. (need; hair; cut)
➡

7. 나는 어제 병원에서 혈압을 재었다. (blood pressure; take; in the hospital)
➡

8. 그녀는 핸드백을 도난 당했다. (handbag; steal)
➡

9. 나는 선생님에게서 이 작문을 교정 받았다. (composition; revise; teacher)
➡

10. 나 귀 뚫었다. (pierced)
➡

11. 지금 새가 지저귀는 소리가 들리니? (chirp)

➡ ____

12. 나는 그가 어제 운동하고 있는 것을 보았다. (see; exercise)

➡ ____

<S+지각동사+O+동사원형>

13. 나는 그가 매일 운동하는 것을 본다. (see;exercise)

➡ ____

14. 그는 문이 열리는 소리를 들었다. (hear; door; open)

➡ ____

<P.P.>

15. 나는 마침내 내 이름이 불려지는 소리를 들었다. (hear; at last)

➡ ____

<~ing>

16. 나는 그녀가 길을 따라 내려오는 것을 지켜봤다. (look at; down the street)

➡ ____

17. 나는 땅이 흔들리는 것을 느꼈다. (feel; shaking)

➡ ____

18. 무엇인가 타는 냄새가 난다. (smell; burning)

➡ ____

ⓐ We **believe** him <u>to be honest</u>.

우리는 그가 정직한 사람이라고 믿는다.

ⓑ We **consider** him <u>to be a good student</u>.

우리는 그가 훌륭한 학생이라고 생각한다.

ⓒ I **think** many people <u>to be suffering from a cold</u>.

나는 많은 사람들이 감기로 고생하고 있다고 생각한다.

ⓓ He **ordered** the work <u>to be started at once</u>.

그는 그 작업의 즉각적 착수를 지시했다.

ⓔ I **want** us <u>to be in the library</u>.

나는 우리가 도서관에 있었으면 좋겠어.

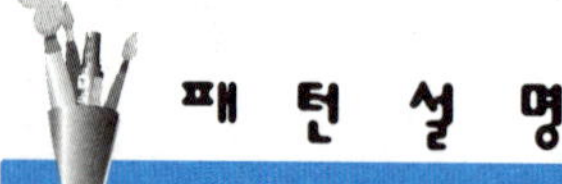

패 턴 설 명

- 〈생각 · 판단동사〉가 5형식동사로 쓰이는 경우이다.
- 목적보어로는 "〈to be + 형용사 · 명사 · ~ing · p.p. · 전치사구〉"의 형태로 온다.
- 목적보어인 "to be ~"는 목적어에 대한 〈결과의 내용〉를 나타낸다.
- 〈think · consider · acknowledge, believe, feel, find, know, judge〉 등을 생각 · 판단동사 라고 한다.

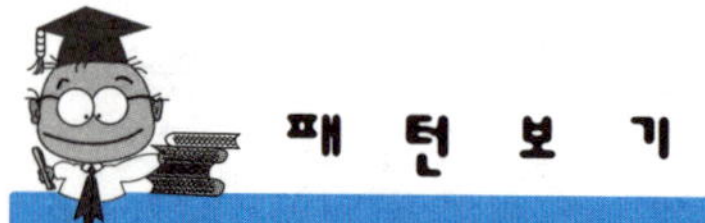

패 턴 보 기

ⓐ to be honest → to be + 형용사

ⓑ to be a good student → to be + 명사

ⓒ to be suffering from a cold → to be + ~ing

ⓓ to be started → to be + ~p.p.

ⓔ to be in the library → to be + 전치사구

연 습 해 보 기 (5 - 5)

<to be + 형용사>

1. 나는 늘 그녀가 대화하기 편한 사람이라고 생각해 왔었다. (think; always; easy; talk to)
➡

2. 많은 사람들은 모든 외래품이 국산품보다 우수하다고 생각하고 있다.
   (think; foreign-made article; superior; home; product)
➡

3. 당신은 그가 무죄라고 생각합니까? (consider; innocent)
➡

4. 그는 자기의 지위가 불안하다고 느꼈다. (feel; position; unsafe)
➡

<to be + 명사>

5. 그들은 그곳이 번화가 라는 것을 알았다. (find; place; busy; street)
➡

6. 나는 그를 학자로 알고 있다. (consider; scholar)
➡

7. 그는 한국 제일의 미술가로 인정받고 있다. (acknowledge; the greatest artist)
➡

8. 우리는 그를 얄미운 젊은이로만 생각하고 있었다. (think; rather; odious)
➡

9. 그 회사의 모든 간부들이 그가 그 일에 가장 적합한 사람이라고 보고했다.
   (all; executive; company; report; a best man; for the job)
➡

<to be + ~ing · P.P. · 전치사구>

10. 그는 자기의 패배를 인정했다. (allow; beat; to be beaten)
➡

11. 나는 그가 실험실에 있다고 생각한다. (think; laboratory)
➡

ⓐ We **regard** him <u>as a man of ability</u>.

우리는 그를 능력있는 사람으로 간주하고 있다.

ⓑ The people in general **looked upon** the situation <u>as critical</u>.

일반적으로 사람들은 그 상황을 비판적으로 보고 있다.

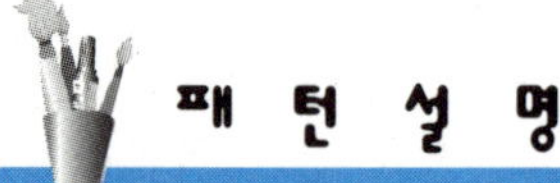

패 턴 설 명

- 〈간주동사〉가 5형식동사로 오는 패턴이다.
- 이 패턴은 〈A as B〉 형태로 "A를 B로 간주하다"의 의미가 된다.
- "as" 뒤에는 〈명사 · 형용사 · ~ing · p.p.〉의 형태가 올 수 있다.
- "accept, characterize, regard, define, explain, look upon, look on, think of" 등이 간주동사로 쓰인다.

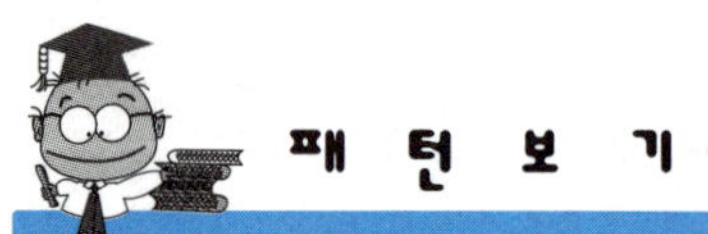

패 턴 보 기

ⓐ as a man of ability → as + 명사
ⓑ as critical → as + 형용사

 연 습 해 보 기 (5 - 6)

1. 그는 유망한 사람으로 간주되고 있다. (think of; a man of promise)
➜

2. 그는 장래가 촉망되는 학자의 한 사람으로 생각되고 있다. (look on; up and coming; scholar)
➜

3. 우리는 그를 최고의 시인으로 본다. (describe; the best poet)
➜

4. 나를 어린애 취급하지 말아요. (treat)
➜

5. 너는 그의 말을 농담으로 받아 주는 편이 좋겠다. (had better; treat; word; joke)
➜

6. 우리는 그의 주장이 아주 논리적이라고 보고 있다. (regard; argument; quite; logical)
➜

7. 그는 지적이라고 하기보다는 정력적이라고 말할 수 있겠다.
   (characterize; energetic. intelligent; rather than)
➜

8. 우리는 그것을 아주 당연한 것으로 받아 드린다. (accept; quite; natural)
➜

9. 한국은 기후의 조건이 이상적인 조화를 이루고 있다고 여겨지고 있다.
   (consider; ideal; combination; climatic; condition)
➜

10. 그는 작가라면 모두가 가난과 싸우고 있는 것으로 생각했었다.
    (think of; author; struggle with; poverty)
➜

11. 우리는 아직 그 문제가 해결됐다고 생각하지 않는다. (still; think of; matter; solve)
➜

> ⓐ Lincoln set **free** the slaves.
>
>   링컨은 노예를 해방시켰다
>
> ⓑ we let **go** the birds.
>
>   우리는 새들을 날려 보냈다.

패 턴 설 명

● 목적보어가 형용사나 동사원형의 경우, 〈목적어가 길거나〉 또는 〈강조〉를 하기 위해서 목적어와 목적보어가 자리 바꿈 할 수 있다.

패 턴 보 기

ⓐ free the slaves → 목적보어＋목적어
ⓑ go the birds → 목적보어＋목적어

연 습 해 보 기 (5 - 7)

<S+V+O.C.+O>

1. 그들은 다과회를 베풀 식탁을 마련했다. (make; ready; table for the refreshments)

2. 그는 그 사실을 분명히 했다. (make; clear; fact)

3. 그녀는 우리의 성공을 가능하게 했다. (possible; success)

ⓐ We found **it** good **to read the book**.

우리는 그 책을 읽는 것이 좋다는 것을 알았다.

ⓑ I think **it** a pity **(that)I didn't work hard**.

나는 열심히 일하지 않은 것을 유감으로 생각한다.

패 턴 설 명

● 목적어가 "to V · 동명사 · 접속사＋S＋V＋~"로 오는 경우에 〈가목적어 · 진목적어〉 패턴을 쓸 수 있다.

● 이 패턴에는 주로 "believe, think, consider, deem, find, know" 등의 동사가 자주 쓰인다.

패 턴 보 기

ⓐ it ~ to read the book → 가목적어＋진목적어 (to V~)

ⓑ it ~ (that) I didn't work hard → 가목적어＋진목적어 (접속사＋S＋V~)

연 습 해 보 기 (5 - 8)

<to V>

1. 아무도 당신이 그 토지를 사는 것이 현명하다고 생각하지 않는다.
   (no one; consider; wise; buy; land)
➡

2. 그는 나에게 자기와 결혼하자고 청하는 것이 명예롭다고 생각하지 않았다.
   (think; honorable; ask; marry)
➡

3. 이렇게 성대한 연회에 제가 참석하게 된 것을 큰 영광으로 생각합니다.
   (deem; great; honor; present; at this grand meeting)
➡

4. 그가 그렇게 적은 수입으로 그처럼 비싼 집세를 치르기는 어려울 것이다.
   (find; difficult; pay;high rent; with so small an income)
➡

<~ing>

5. 나는 빗속을 걷는 것이 때론 즐겁다고 생각한다. (find; pleasant; walk; in the rain)
➡

6. 우리는 네가 거기에 혼자 가는 것이 위험하다고 생각한다. (think; dangerous; alone)
➡

<접속사＋S＋V＋~>

7. 나는 그녀가 여기에 다시 오는 것이 가능하다고 생각한다.
   (possible ; go ; here)
➡

문법정리

동사 변화표

연습해보기 어휘연구 및

모범답안

Reference

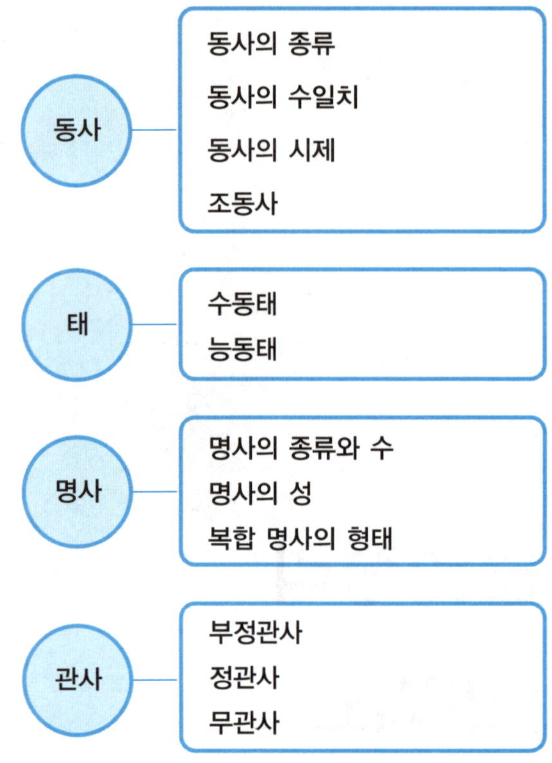

동 사 의 종 류

– 동사의 종류는 동사의 성질에 따라 다르게 나타나는데요.

– 동사의 종류는 그 성질에 따라 세 가지로 나눌 수 있습니다.

　⑴ 목적어를 취하지 않는 동사

　⑵ 주어를 설명하는 말을 받는 동사

　⑶ 목적어를 취하는 동사

▣ 목적어를 취하지 않는 동사

I <u>succeeded</u>. (나는 성공했다.)
　자동사

The light just <u>came in</u>. (불이 방금 들어왔다.)
　　　　　자동사+전치사적 부사

▣ 주어를 설명하는 말을 받는 동사

She <u>is thin.</u> (그녀는 날씬하다.)
    be동사+S.C

Sarah <u>looks tired.</u> (세라는 피곤해 보인다.)
     불완전자동사+S.C

She <u>looks like her mother.</u> (그녀는 그녀의 엄마를 닮았다.)
    불완전자동사+like~

This painting <u>counts as a masterpiece.</u>
         불완전자동사+as~

He <u>seems to be in the bank.</u> (그는 은행에 있는 것 같다.)
    불완전자동사+to be~

▣ 목적어를 취하는 동사

We <u>are respectful of his courage.</u> (우리는 그의 용기를 존경한다.)
    be+형용사~p.p.+전치사+O

We <u>worried at the problem.</u> (우리는 그 문제를 풀려고 애썼다.)
    자동사+전치사적 부사+O

I <u>turned the light on.</u> (나는 불을 켰다.)
   자동사+O+전치사적 부사

I <u>look up to my mother.</u> (나는 우리 엄마를 존경한다.)
   자동사+전치사적 부사+전치사+O

I <u>fell in love with her.</u> (나는 그녀와 사랑에 빠졌다.)
   자동사+전치사적 부사+명사+전치사+O

I <u>think that he is honest.</u> (나는 그가 정직하다고 생각한다.)
   타동사+O

The government <u>deprived us of our freedom.</u> (정부는 우리의 자유를 강탈했다.)
       타동사+A+전치사+B

Everyone <u>can take part in this game.</u> (누구나 이 게임에 참가할 수 있다.)
     타동사+명사+전치사+O

- 주어의 인칭과 수에 따라 동사의 수가 일치하여야 합니다.

- 주어가 단수이면 동사는 단수형이 되고, 주어가 복수이면 동사는 복수형이 됩니다.

- 둘 이상의 단수 주어가 and로 연결된 경우에는 동사는 복수형이 됩니다. 그러나 둘 이상의 주어가 and로 연결된 경우라도 같은 사람이나 사물을 나타낼 경우에는 동사는 단수형이 된답니다. 단 둘 이상의 주어가 or 혹은 nor로 연결된 경우에는 동사는 마지막 주어에 일치시킵니다. 이를 근자 일치라고 부릅니다. 이때 A as well as B의 경우엔 A에 수 일치를 시킵니다.

	단수형	복수형
be 동사	am, is, was	are, were
일반동사	V^s_{es}	V

He <u>is</u> a student. 그는 학생이다.
   단수

Her sons <u>are</u> doctors. 그녀의 아들들은 의사다.
      복수

A black and white dog <u>was</u> running here. 검고 흰 얼룩 개 한 마리가 여기로 뛰어오고 있었다.
        단수

A black and a white dog <u>were</u> running here. 검은 개 한 마리와 흰 개 한 마리가 여기로 뛰어오고
      복수   있었다.

The best **fish** <u>are</u> near the bottom. 좋은 물고기는 바닥 가까이에 있다.
    복수

Either you or **I** <u>am</u> in the wrong. 너 또는 나 어느 한쪽이 잘못이다.
     근자 일치

Neither you nor **she** <u>knows</u> the fact. 너도 그녀도 그 사실을 모른다.
      근자 일치

Sarah as well as I <u>is</u> as interested in English. 나 뿐만 아니라 세라도 영어에 관심있다.
     전자 일치

= Not only I but also **Sarah** <u>is</u> interested in English. 나 뿐만 아니라 세라도 영어에 관심이 있다.
      근자 일치

동 사 의 시 제

기본시제

기본형
- 현재 : **I study** English. (나는 영어를 공부한다.)
- 과거 : **I studied** English. (나는 영어를 공부했다.)
- 미래 : **I will study** English. (나는 영어를 공부할 것이다.)

진행형
- 현재진행 : **I am studying** English.
  (나는 영어를 공부하고 있는 중이다.)
- 과거진행 : **I was studying** English.
  (나는 영어를 공부하고 있는 중이었다.)
- 미래진행 : **I will be studying** English.
  (나는 영어를 공부하고 있는 중일 것이다.)

완료시제

기본형
- 현재 완료 : **I have studied** English.
  (나는 영어를 공부해 왔다.)
- 과거 완료 : **I had studied** English.
  (나는 영어를 공부해 왔었다.)
- 미래 완료 : **I will have studied** English.
  (나는 영어를 공부해 오고 있을 것이다.)

진행형
- 현재완료진행 : **I have been studying** English.
  (나는 영어를 공부해오고 있는 중이다.)
- 과거완료진행 : **I had been studying** English.
  (나는 영어를 공부해오고 있는 중이었다.)
- 미래완료진행 : **I will have been studying** English.
  (나는 영어를 공부해오고 있는 중일 거다.)

현재를 기준으로 어떤 동작이 언제 일어났는가 하는 것을 보여주는 것이 시제입니다.

친구들과 영화에 대해 이야기를 나누고 있다고 가정해 봐요.

어떤 친구는 어제 이미 영화를 보았고 – 과거

어떤 친구는 지금 영화를 보고 있겠죠. – 현재

어떤 친구는 수업이 끝난 후 보러 갈 예정입니다. – 미래

다시 말하면 동작의 발생시점과 함께하는 시제는 과거, 현재, 미래 3가지로 볼 수 있습니다.

영화를 보러가기 전에, 미리 다음 주에 있을 영작문 시험공부를 했다면 공부를 언제 시작해서 언제 끝났다는
시작점과 종결점이 있을 겁니다. 이렇게 동작의 시작점과 종결점을 갖는 시제를 완료라고 합니다.

만일, 지난주에 밤새도록 공부한 후 그 다음날 아침까지 공부 했다면 – 과거완료

　　어제 밤부터 계속 밤새도록 공부한 후 지금 끝냈다면 – 현재완료

　　다음 주 어느 날 밤, 공부를 시작해서 그 다음날 아침까지 공부했다면 – 미래완료

여기까지 살펴본 시제는 과거, 현재, 미래와 방금 설명한 과거완료, 현재완료, 미래완료 총 6가지가 되죠.

이제 또 다른 가정을 해 볼께요.

제가 만약 공부를 하던 중에 갑작스럽게 전기가 나갔다고 한다면, 제가 공부를 하고 있었던 동작은, 불이 갑자
기 나간 다른 동작이 개입하던 시점까지 쭉 진행되어온 것을 의미하며 바로 이런 경우를 진행형 이라고 하죠.

어제 공부하는 도중 불이 나갔다면 – 과거진행

지금 공부하고 있는 도중에 불이 나갔다면 – 현재진행

앞으로 공부하는 도중에 불이 나갈 것 같으면 – 미래진행

앞에서 살펴보았던 6가지의 시제에, 위의 시제 3가지를 추가하면 전부 9가지의 시제가 존재하게 되죠.

　여기에다가 "언제부터 언제까지 무엇을 해오고 있는 중이다"라는 일정기간동안의 동작의 연속성을 강조할 때
에는 "완료진행형"을 사용합니다.

　예를 들어 시험공부를 하는 동작이 라면을 먹는다든가 혹은 음악을 듣는 행위로 인해 중단되지 않는다는 것을
강조할 때는 완료형이 아닌 완료 진행형을 사용하면 된다. 이것도 각자 과거, 현재, 미래의 3가지가 있으므로 결
국, 12가지의 시제가 존재하게 되는 것이죠. 이제는 12가지의 시제가 왜 존재하며, 서로 어떤 점이 다른지를 알
아야 되겠죠.

　다음 부분에서는 이러한 12가지의 시제가 필요한 이유를 쉬운 예문을 통해서 살펴보겠습니다.

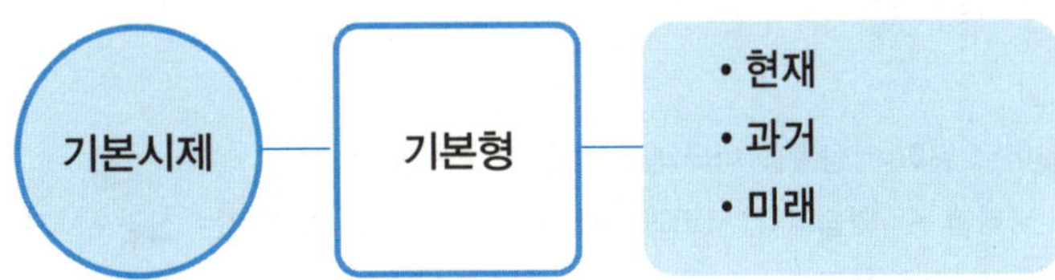

현재

현재 일어나고 있는 동작이나 상태를 나타내는 것은 물론 일반적인 이야기를 할 때 또는 기타 시간 관계와 직접 관계가 없는 진술 등을 할 때는 흔히 현재형을 사용합니다.

특히. 일반적인 이야기를 할 때는 시간적인 색채가 뚜렷한 과거형이나 미래형을 쓰는 대신 아무래도 무색적인 현재형을 쓰는 것이 좋겠죠.

현재와 현재진행형의 차이

현재형과 현재 진행형의 차이는 현재형은 현재 일어나는 일과 시간적으로 무색적인 〈습관적〉동작이나 상태를 나타내기 위해 사용하는데, 주로 후자의 이유로 많이 사용됩니다. 오히려 실제로 현재 일어나고 있는 일을 가리킬 때는 현재진행형을 쓰는 것을 원칙으로 하고 있죠.

아래 문장의 의미상의 차이점을 살펴봐요.

He **takes** a walk in the wood daily.

He **is taking** a walk in the wood.

물론 현재형을 써서 현재 일어나고 있는 일을 표현할 수 없는 것은 아닙니다.

I **have** some money in the pocket.

You **do not understand** what I say.

과거

예전에 있었던 사건, 습관, 경험 등을 나타낼 때 사용됩니다. 그리고 역사적인 사실 또한 역시 지나간 것을 의미하므로 과거시제로 나타낼 수 있죠. 지난일이라는 것은 경우에 따라서는 현재와의 대조를 살리기 위해 **지금은 그렇지 않다는 의미**할 때도 쓰인답니다. 즉 used to(예전의 규칙적 습관) 혹은 would(예전의 불규칙적 습관)가 지금은 없어진 예전의 습관을 나타내는 것도 이러한 이유에서죠.

There **was** a library there.

There **used to be** a library there.

위의 두 문장 "예전에 거기에 도서관이 있었다." 라는 말은 지금은 여기에 없다는 것을 말해주고 있는 것이죠 .

미래는 말하고 있는 시점보다 나중에 일어날 일이나 상황을 나타내고 싶을 때 사용합니다.

will과 shall을 사용하면 미래의 뜻을 나타낼 수 있습니다. will과 shall의 인칭에 따른 변화에는 신경쓰시지 마세요. 이제는 거의 구분하지 않으니까요. 이보다는 will, be going to, be to, be due to, be supposed to, be about to, be on the point of 와 같은 미래를 나타내는 여러 가지 표현들의 의미와 느낌을 정확히 파악하는 것이 중요하다고 생각합니다.

My brother will work at YBM e4u.

지금까지는 아니지만 앞으로는 YBM e4u에서 일할 것이라는 동작을 나타내 주고 있죠.

He will be in his office by the time we get there.

우리가 거기에 도착할 때쯤에 그는 사무실에 있을 거라는 어떤 상태를 나타내 줍니다.

I'm going to meet Tom this morning.

나는 오늘 아침 탐을 만날 것이라는 예정을 나타내는 말로 be going to~는 원래 계획되어 있거나 예정되어 있던 일을 말할 때 많이 사용합니다.

This train is to leave at 7:35.

이번 열차는 7시 35분에 떠날 거라는 말로 be to~를 씀으로써 예정된 미래에 대한 상태를 표현했습니다.

cf> It's to rain. "비가 올 것이다."라는 예정된 미래로 볼 수 없으므로 어색한 문장입니다. 주의하세요.

그럼, 현재 단순시제와 진행시제, 완료 시제를 비교해 볼까요?

1) I **live** in Seoul. (나는 서울에 산다.)
   단순시제

2) I **am staying** at Hotel Lotte at present. (나는 현재 롯데 호텔에 머물고 있다.)
   진행 시제

3) I **have lived** in Seoul for 10 years. (나는 10년동안 서울에 살고 있다.)
   완료 시제

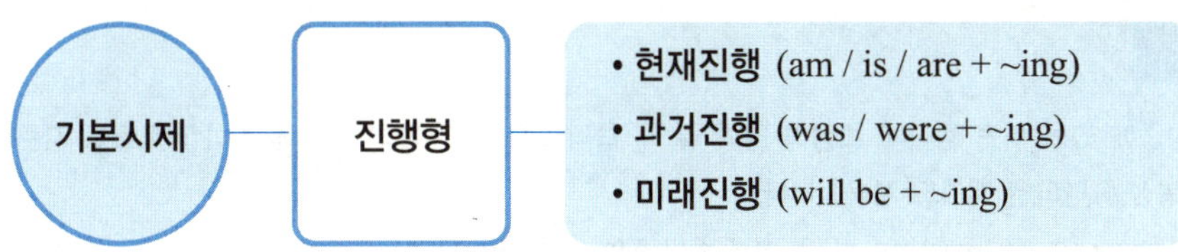

현재진행

말하는 순간에 어떤 일이 일어나고 그 동작에 주의가 집중되는 경우에 사용되죠.

Sarah is **talking** on the phone at the moment.

언제 시작했는지는 모르지만 현재 세라의 행동은 전화를 하고 있는 진행형입니다. 여기서 at the moment는 지금 현재 일어나는 일로서만 한정시키기 때문에 주로 습관적이거나 일반적인 사실을 표현하는 현재시제로는 표현하기 곤란하죠.

She **is having** dinner now. (그녀는 지금 저녁을 먹고 있는 중이다.)

지금 현재 일어나고 있는 일시적인 동작을 이야기해 주고 있는 것이죠.

물론 진행형은 일시적인 동작 이외에 가까운 미래를 나타내 주거나 강조일 때 사용되는데요.

We **are getting married** next weekend. (우리는 다음 주에 결혼할 거야.)
      가까운 미래

I **am loving** you. (널 사랑하고 있는 중이야.)
  강조

원래 love 라는 단어는 소위 말하는 상태 동사인데요. 사랑한다는 말은 지금 사랑한다는 의미가 되니 진행형을 쓰게 되면 중복이 되잖아요. 하지만 쓸 수 있답니다. 왜요? 강조하기 위해서.

과거진행

지나간 어떤 동작 자체를 부각시키기 위해서 사용됩니다. 그리고 진행되던 어떤 동작이 다른 동작에 의해서 중단되는 경우에 보통 when을 사용해 다른 동작의 개입을 표시한답니다.

Tyler **was kissing** Sarah on the lips when her father **appeared**.
    과거 진행

타일러가 세라에게 키스하는 동작이 진행되는 중간에 그녀의 아버지가 나타났으므로 키스하는 동작은 중단되었겠죠.

Tyler **kissed** Sarah on the lips when her father **appeared**.
    과거 시제

단순 과거 시제를 씀으로써 타일러와 세라가 키스하는 동작이 다 끝난 후 그녀의 아버지가 나타났다는 뜻이 되니 잘 살펴보세요.

말하는 시점보다 나중에 있을 어떤 동작에 초점이 맞춰 질 때 씁니다. 또한 현재의 어떤 동작이 앞으로도 자주 일어날 것 같다는 반복성을 나타낼 때에도 사용합니다.

I **will be staying** at home all day tomorrow. (내일 하루 종일 집에 있을 거야.)

At this time tomorrow, I **will be dancing** here. (내일 이맘때쯤 여기서 춤추고 있을 거야)

시점이 아닌 미래의 어떤 행동 자체에 관심을 두고 있기 때문에 미래 진행형이 사용된 것이죠.

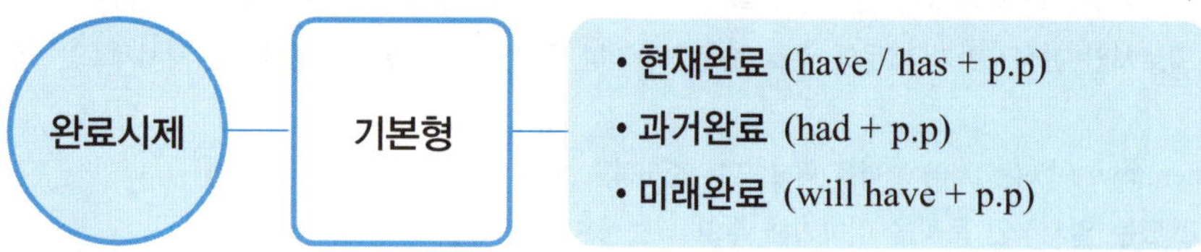

과거완료

어떤 동작의 시점이 과거이고 종결점도 과거인 경우에 사용됩니다.

예를 들어 볼께요. 그림을 그리기 시작한 것도 말하는 때보다 이전이고 또 그림을 끝낸 것도 말하는 때보다 이전일 경우에 과거완료를 사용합니다. 그리고 의미에 따라 완료, 결과, 계속, 경험 등의 의미로 분류가 되는데요. 동작의 순서에 따라 즉 시간적인 차이를 분명히 하기 위해서 과거완료를 사용하는 경우도 있습니다. 예를 들어 "그림을 다 그려서 팔았다"면 그린 동작과 그림을 판 동작 모두는 과거의 일이지만 두 동작에는 순서가 있습니다. 그림을 그린 후에 판 동작이 일어나야 되겠죠. 이 때 먼저 일어난 동작에 과거 완료를 씀으로써 시간적인 차이를 분명히 드러낼 수가 있죠.

The thief **had escaped** by the time Sherlock Holms **arrived**.

셜록 홈즈가 현장에 도착했을 때 도둑이 가버리고 없었다는 시간적인 차이를 분명히 함과 동시에 결과의 뜻을 내포하고 있죠.

It **had been** fine the day before. 그 전날 까지는 날씨가 참 좋았었다는 말로 과거 어는 때 이전에 일어난 일을 말할 때 사용한답니다.

현재완료

과거의 어느 때 부터 현재까지의 기간에 발생한 일이나 상황을 표현하고 싶을 때 사용하는데요.

과거의 행위가 현재와 어떤 관련이 있음을 나타낼 때 쓰인다고 보시면 됩니다. 물론 과거부터 현재까지의 결과, 완료, 경험, 계속을 표현하게 되는 거죠.

I **have lived** in seoul for ten years.– 계속 (나는 지금까지 서울에서 10년 동안 살고 있다.)

I **have** never **been** to Busan.– 경험 (나는 부산에 가 본 경험이 없다.)

I **have lost** my watch. – 결과 (나는 시계를 잃어버렸다. 물론 지금도 없는 것이 되죠.)

만약 I lost my watch. 라면요? 지금은 어떻죠? 모르죠. 단순 과거이기 때문에 지금은 시계가 있는지 없는지.

The train **has** just **left** Seoul Station. –완료 (방금 열차가 서울역을 떠났다.)

미래완료

미래 완료는 과거 또는 현재에 시작되어 미래 어는 때까지의 결과, 완료, 경험, 계속을 표시합니다.

I **will have lived** here for ten years next year. (내년이면 여기 산지도 10년이 된다.)

한 가지 더, 미래완료는 미래의 시점을 나타내는 어구와 많이 사용됩니다.

예를 들면 보통 by~ / by the time~ 표현과 함께 많이 사용되죠.

She **will have finished** her work by noon.

그녀는 정오까지는 일을 끝낼 것이다.

By the time you arrive, we **will** already **have gone**.

네가 도착했을 때쯤이면, 우린 이미 가고 없을 거야.

The bus **will have left** by the time we get there.

우리가 도착할 때쯤이면 버스는 가버릴 것이다.

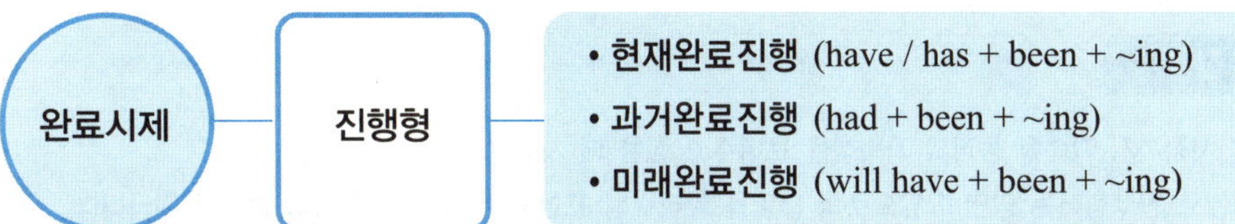

과거완료진행

과거의 어떤 동작이 다른 동작이 일어나기 전까지 계속되었다는 것을 나타낼 때 사용합니다.

Sarah **had been painting** the fence red when I went there to see Tom.
　　　　과거완료진행

(내가 탐을 보러 갔을 때, 세라는 담장을 빨갛게 칠하고 있었다.)

Sarah **had painted** the fence red when I went there to see Tom.
　　　　과거완료

(내가 탐을 보러 갔을 때, 세라는 담장을 빨갛게 칠해 놨다.)

즉 위의 두 문장을 비교하면, 내가 찾아갔을 때 세라가 하고 있었던 행동이 담장을 칠하고 있었다는 것이 과거완료 진행형이고 두 번째 문장은 담장을 칠하고 있었던 행위가 끝났다는 과거 완료 문장이 되죠.

과거부터 지금 말하는 순간까지 어떤 동작이 지속적으로 진행되어 왔음을 보여주는 것입니다.

It **has been raining** last Sunday. (지난주 일요일부터 계속해서 지금까지 비가 내리고 있는 중이다.)

Sarah **has been studying** since last night.
　　　　현재완료진행

(세라는 지난밤부터 지금까지 쉬지 않고 계속해서 공부를 하고 있다.)

세라가 공부하고 있는 동작이 지속적으로 진행되어왔음을 보여줌과 동시에 아마 말하는 이후에도 그 동작이 계속 이어질 것 같다는 느낌이 들죠.

Sarah **has studied** since last night. (세라는 지난밤부터 공부해왔다.)
　　　　현재완료

현재완료를 쓰게 되면 동작의 지속성보다는 지난밤에 시작한 공부가 지금 끝났다 라는 동작의 시작점과 종결점에 더 관심이 있는 문장이 됩니다.

미래의 어떤 시점까지 지속될 동작의 지속성을 보여주고 싶을 때 사용합니다.

그래서 미래완료 진행형에는 당연히 앞으로의 일임을 알려주는 표현들이 거의 예외 없이 함께 쓰인답니다.

By the time we arrive in Busan, we **will have been driving** for 20 straight hours.

(우리가 부산에 도착할 때쯤에는 아마 20시간을 계속해서 운전한 거야.)

여기서는 by the time이 미래를 나타내주는 표현이며 도착하기 전까지 지속된 시간은 for~이하가 보여주고 있습니다.

Sarah **will have been studying** English by the time. (세라는 그때쯤에도 영어 공부를 하고 있을 거야.)

지금도 영어 공부를 하고 있는 세라지만, 그때 까지도 아마 영어 공부를 그만두지 않고 계속하고 있을 거라는 것을 보여주고 있는 것이죠.

– 조동사는 동사의 기본의미를 도와서 동사가 상황에 맞게 쓰이고 동사만 쓰였을 때와는 다른 느낌을 가지게 해주는 역할을 한답니다.

첫째 : 인칭이 변화하지 않고, 원형 동사가 뒤따릅니다.

- He **need** not come here.

  You **had better** go home to take a rest.

둘째 : 부정어는 첫 조동사 다음에 옵니다.

- He **may** not have moved to Busan.

셋째 : 조동사의 과거형은 현재나 미래의 추측, 가능성, 의향을 표현합니다.

- He **might** come here tomorrow/yesterday, but it is very unlikely.

  She **could** be an attractive girl, but she doesn't pay attention to her clothes.

◼ can, could

She **can** speak English very well.
- 능력

You **can** watch TV now.
- 허가

It **can** be very cold here even in May.
- 가능

The story **can**not be true.
- 추측

be able to V → 능력의 can대신 사용 가능

◼ may, might

(1) You **may** go home now if you want to.
- 허가

  She **may** be ill. She might be ill.
- 추측
  (단, might는 가능성 희박, 신중한 표현)

(2) You **may well say** so.
  (may well V : ～하는 것도 당연하다.)

(3) You **may as well consult** the doctor.
  (may/might as well V : ～하는 것이 좋겠다.)

◉ Must

(1) You **must** pay the fine.
　　○ 의무

　　She **must** be a spy.
　　○ 추측

(2) You **must** not go there.

　　You **need** not go there.

　　She **can**not be ill.
　　○ 부정

(3) I **had to** meet her yesterday.

　　I **must** meet her yesterday.

　　I **will have to** meet her tomorrow.

　　She **must have met** him last week.
　　(must의 과거, 미래)

◉ will, would

(1) I **will** stop smoking
　　○ 주어의 의지

　　He **would** go abroad but he has no money.
　　○ 의향
　　(주어의 의지, 의향 – 단, 실현 가능성이 희박한 현재의 소망은 would를 씁니다.)

(2) The car **won't** start. The door **won't** open.

　　She **would** not take the medicine last night.
　　○ 과거의 고집
　　(고집과 거절 – 과거의 고집은 would)

(3) A bear **will** not touch a dead body.

　　He's strange - he **will** sit for hours without saying anything.

　　When we were children, we **would** go skating every summer.
　　(습성, 습관 – 과거의 습관은 would)

(4) I **would like to** have coffee now.
　　(would like / love / prefer to V : ～하고 싶다.)

◉ shall, should

(1) You **shall** have the answer by tomorrow.
　　(화자의 의지, 청자의 의지 → shall)

(2) People **should** drive more carefully.

　　He suggested that the money (**should**) be used for books.

　　It is imperative that his father (**should**) know the truth.

He made a suggestion that we (**should**) leave early.
(당연, 의무 → should)

(3) It's surprising that she **should** say such a thing to you.
(강한 의구심, 놀라움의 표현)

(4) If it **should** be that she should say such a thing to you.

If you **should** see Kevin, give him my regards.
(가능성의 희박 → 가정법 미래 시제)

◼ need, dare

(1) He **needs** to call me.

He **need** not call me.

He **dared** (to) say so in my presence.

He **dared** not go.
(긍정문에서 본동사 용법 {+to 부정사})
(부정문, 의문문에서 조동사 용법 {+to 동사 원형})

(2) She **need** not have hurried. (~할 필요가 없었는데 ……)

She didn't **need** to hurry. (~할 필요가 없었다.)

◼ had better, would rather

(1) You **had better** see the doctor.

(2) I **would rather** stay at home than go there.

(3) You**'d better** not go out after dark.
had better V : ~하는 것이 좋겠다.   would rather V : 오히려 ~ 하겠다.

◼ 조동사 + have p.p → 과거의 추측, 유감

(1) He **may have seen** the movie.

She **must have seen** the movie.

She **cannot have seen** the movie.

(2) You **should have come** earlier.

I **would rather have stayed** at home.

I **need not have worried** about it.

- 과거의 추측
  may/might have p.p : ~였을지도 모른다   must have p.p : ~였음에 틀림없다.
  cannot have p.p : ~였을리 없다.

- 과거의 습관
  should/ought to have p.p : ~했어야 했는데   would rather have p.p : ~하는게 나았을텐데
  need not have p.p : ~할 필요는 없었는데

(1) 준동사는 동작을 나타낼 때 쓰입니다.

(2) 준동사의 차이

• 부정사 → 미래의 동작 / 일시적인 동작 / 명사에 대한 동격

• 동명사 → 과거의 행위 / 일반적인 사실 · 경향 · 습관 / 명사에 대한 동격

• 분사 → 현재 동작

(3) 동명사가 연결어로 쓰일 때, 그 앞에는 전치사가 옵니다(전치사+~ing)

▣ 부정사

① He decided **to go abroad** for study. → 미래의 동작

② He began **to laugh.** → 일시적인 동작

③ She made a promise **to pay.** → 명사에 대한 동격

▣ 동명사

① He stopped **talking.** → 과거의 행위

② **Swimming** is good for health. → 일반적인 사실 · 경향 · 습관

③ She made a <u>promise</u> **of paying** → 명사에 대한 동격

▣ 분사

① They stood together **talking about something.** → 현재 동작

② She is in the room **reading a book.** → 현재 동작

(4) 준동사는 Main Message의 동사로부터 온 것입니다.

① 1형식 동사

He <u>will go abroad for study</u>.

→ He decided **to go abroad for study**.

② 2형식 동사

She <u>is rich.</u>

→ She wants **to be rich.**

③ 3형식 동사

They <u>talked about something.</u>

→ They stood together **talking about something.**

④ 4형식 동사

They <u>served them lunch.</u>

→ I saw ladies **serving them lunch.**

⑤ 5형식 동사

He <u>let her keep the money</u>.

→ I have no objection to his **letting her keep the money**.

태

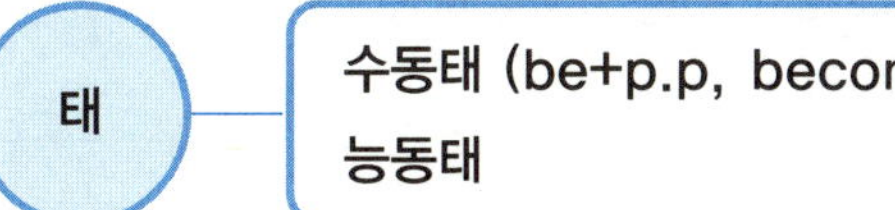

태 — 수동태 (be+p.p, become+p.p)
능동태

수업이 끝난후 Tom이 친구들과 야구를 하던 중에 홈런을 날려 어떤 집의 창문을 깼다고 가정해봐요. 주인아저씨가 나와서 "누가 창문을 깼냐?"하고 물었을 때 "(창문은)Tom이 깼어요"라고 대답을 할 겁니다. 물론 이러한 질문에 대해 "Tom이 창문을 깨뜨렸어요"라고 하는 사람은 없을 것입니다.

그러면 이번에는 똑같은 상황을 영어로 표현한다면 "Who broke the window?"라는 물음에 어떻게 대답을 했을까요? 아마 "It was broken by Tom이라고 대답하지, "Tom broke the window."라고 대답하지는 않을 것입니다.

이때 가만히 살펴보면 첫째 문장은 수동태이고 둘째 문장은 능동태입니다.

수동태와 능동태는 기본적으로 비슷한 뜻을 가지고 있기는 하지만, 어떤 상황에서는 서로 바꾸어 쓸 수 없는 전혀 다른 느낌을 표현해 줍니다. 다시 말하면 수동태와 능동태는 똑같은 뜻을 나타내기 위한 두 가지의 다른 문장 형식이 아니라, 각기 다른 정보구조를 갖고 있어서 전달하고자 하는 바가 다른 별개의 형식이죠.

위에서 주인 아저씨의 질문을 달리하면 그에 대한 대답은 정 반대가 됩니다. "What did Tom break?(탐이 뭘 깨뜨렸니?)"에 대한 대답은 당연히 "He broke the window(창문을 깨뜨렸어요)"가 어울리죠. 결국, 상황에 따른 관심의 대상물이 어떤 것이 되는가? 하는 것이 바로 능동태를 쓸 것인가 아니면 수동태를 쓸 것인가 하는 것을 결정한다는 겁니다.

▣ 주의할 점
① 1형식과 2형식은 수동의 의미가 없기 때무에 수동태의 문장이 만들어지지 않습니다.
② 3형식의 수동태

They laughed at me.

→ I <u>was laughed at</u>.

③ 4형식의 수동태

I gave <u>him</u> <u>some money.</u>

→ He was given <u>some money</u> (by me.)

→ Some money was given <u>him</u> (by me.)

④ 5형식의 수동태

I think <u>him</u> <u>to be honest.</u>

→ He is thought to be honest.

⑤ I made <u>him</u> go.

→ He was made to go.

→ 5형식 문장에서 목적보어로 쓰인 원형부정사는 수동태로 바뀌면 to V로 바뀝니다.

⑥ She reminds me of my sister.

→ I am reminded of my sister.

→ S+V+Ⓐ+전치사+Ⓑ의 문장을 수동태로 바꾸면 동사가 "be+~p.p+전치사"의 형태로 바뀌며 3형식 동사가 됩니다.

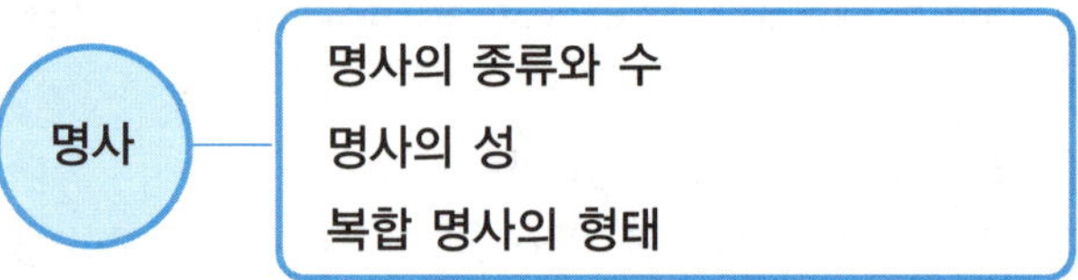

명사의 종류와 수

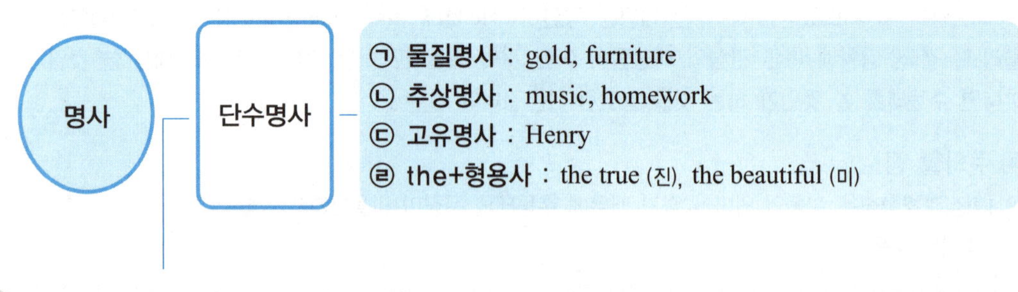

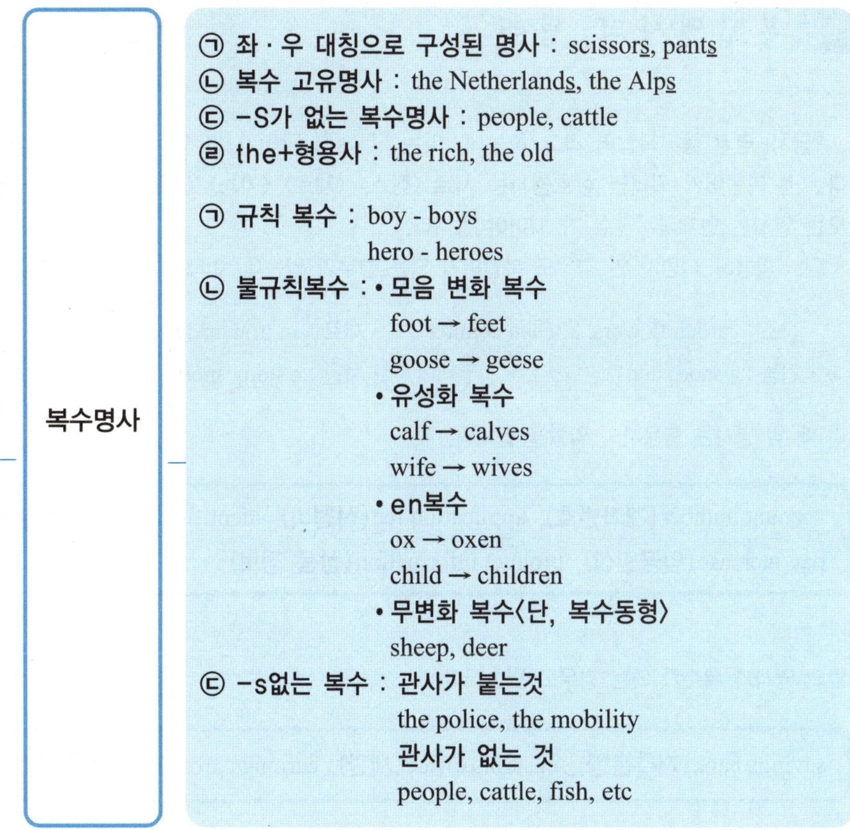

복수명사

ㄱ 좌·우 대칭으로 구성된 명사 : scissors, pants
ㄴ 복수 고유명사 : the Netherlands, the Alps
ㄷ −S가 없는 복수명사 : people, cattle
ㄹ the+형용사 : the rich, the old

ㄱ 규칙 복수 : boy - boys
　　　　　　　 hero - heroes
ㄴ 불규칙복수 : • 모음 변화 복수
　　　　　　　　 foot → feet
　　　　　　　　 goose → geese
　　　　　　　• 유성화 복수
　　　　　　　　 calf → calves
　　　　　　　　 wife → wives
　　　　　　　• en복수
　　　　　　　　 ox → oxen
　　　　　　　　 child → children
　　　　　　　• 무변화 복수〈단, 복수동형〉
　　　　　　　　 sheep, deer
ㄷ −s없는 복수 : 관사가 붙는것
　　　　　　　　 the police, the mobility
　　　　　　　 관사가 없는 것
　　　　　　　　 people, cattle, fish, etc

명 사 의 성

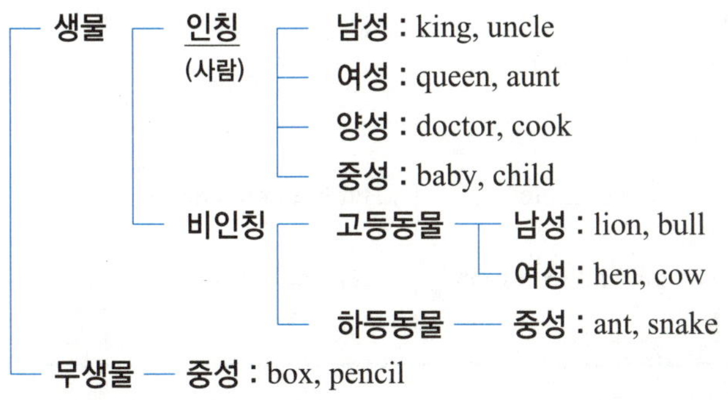

■ 복합명사의 형태

　　"명사+명사"를 "복합어"라고 하는데, 이는 "두개의 단어가 한 단어의 의미"를 나타낸다는 뜻입니다. 단, 복합어가 되려면 상호명사는 서로 〈장소〉〈재료〉〈기능〉〈시간〉의 관계가 되어야 하며, 앞에 오는 명사는 언제나 "단수"가 되어야 합니다.

– 단, "형용사 + 명사"인 경우도 복합어가 되는 경우가 있는데, 이때의 형용사는 명사로 보시면 됩니다.

- 장소 : garden flowers, kitchen counter　　• 재료 : an iron bridge
- 기능 : a shoe shop　　　　　　　　　　　• 시간 : a study sport

이 때 앞 명사는 형용사의 역활을 합니다.

> account number(계좌번호), application fee(신청비), identification card(신분확인카드),
> pay increase(임금인상), product information(상품 정보)

앞의 명사가 복수가 되는 경우도 있습니다.

> savings bank(저축은행), customs office(세관), earnings growth(수익성장)

■ 명사＋명사 ⇄ 명사＋전치사구 전환

- an arm chair ⟶ a chair with arms
- a dish cloth ⟶ a cloth for dishes
- a road of iron ⟶ an iron road
- the door of the cupboard ⟶ the cupboard door

☞ 잠깐, 이것만은 주의하세요.

바꿀 수 있는 경우 : The corner table ⇄ The table in the corner
(자의로 움직일 수 없는 명사)

바꿀 수 없는 경우 : The girl in the corner ⇄ The corner girl
(자의로 움직일 수 있는 명사)

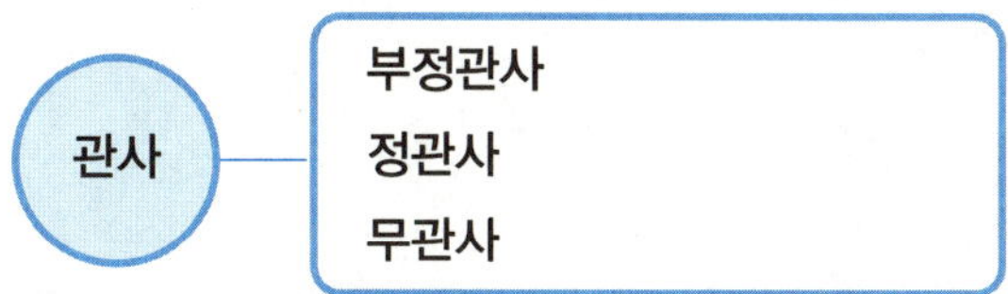

관사는 일종의 형용사로 명사와 직접적으로 관계가 있으므로 명사가 나오면 관사가 있는지 없는지 따져봐야 합니다.

(1) 명사에 관사가 없는 경우 ; 불가산명사 (물질ㆍ추상ㆍ고유명사), 관사 생략의 경우
　　　　　　　　　　　가산명사에는 관사ㆍ한정사가 붙거나 복수형이 되어야 함.

(2) 관사의 있고 없음에 따라 뜻이 달라짐에 유의 : 명사의 전용의 경우, 건물(학교, 교회, 병원 등)이
　　　　　　　　　　　본래의 목적으로 쓰인 경우.

▣ 부정관사(a, an)

■ one, the same, per(~당), a certain, some의 뜻으로 쓰임.

■ a[an]+고유명사 :「~라는 사람」

■ 대표단수 :「a[the]+단수명사+단수동사」또는「복수명사+복수동사」→「~란」

　주의　a, an 사용의 구별기준 → 발음

　• a(자음발음) – university, uniform　　• an(모음발음) – honest, hour, MP3

▣ 정관사

■ 서로 알고 있는 것

■ 유일물(the sun, the moon등)

■ 악기명(play the piano), 발명품

■ 형용사구[절]로 한정될 때

■ 시간ㆍ수량의 단위(by the hour)

■ 정관사의 사용되는 관용표현에 주의

　주의　① 정관사의 특수용법

　• 비교급에 the가 붙는 경우

　• 신체의 일부분 표시

　• the+형용사[분사]→ 복수명사ㆍ단수명사ㆍ추상명사

② 정관사를 붙이는 고유명사

- 반도 · 산맥 · 공공건물 · 관공서
- 복수형으로된 국가명, 강, 바다, 항만
- 선박, 기차, 비행기, 신문, 잡지

▣ 무관사(관사의 생략)

- 가족관계 · 호격어관계 · 관직이 보어로 쓰인 경우
- 식사 · 질병 · 운동 · 학과이름 · 계절명
- 명사+as+S+V
- 교통 · 통신 수단
- 공공건물이 본래의 목적으로 쓰인 경우

▣ 관사의 위치

- 정관사의 위치

  - all[the, double, twice]+**the**+명사

- 부정관사의 위치

  - such[what, quite, rather, many]+**a[an]**+형용사+명사
  - so[as, too, how, however]+형용사+**a[an]**+명사

불규칙 동사 변화표

원형	과거형	과거분사형	원형	과거형	과거분사형
be	was/were	been	fight	fought	fought
beat	beat	beaten	find	found	found
become	became	become	fit	fit	fit
begin	began	begun	flee	fled	fled
bend	bent	bent	fly	flew	flown
bet	bet	bet	forbid	forbade	forbidden
bite	bit	bitten	forget	forgot	forgotten
blow	blew	blown	forgive	forgave	forgiven
break	broke	broken	freeze	froze	frozen
bring	brought	brought	get	got	gotten
broadcast	broadcast	broadcast	give	gave	given
build	built	built	go	went	gone
burst	burst	burst	grow	grew	grown
buy	bought	bought	hang	hung	hung
catch	caught	caught	have	had	had
choose	chose	chosen	hear	heard	heard
come	came	come	hide	hid	hidden
cost	cost	cost	hit	hit	hit
creep	crept	crept	hold	held	held
cut	cut	cut	hurt	hurt	hurt
deal	dealt	dealt	keep	kept	kept
dig	dug	dug	kneel	knelt	knelt
do	did	done	know	knew	known
draw	drew	drawn	lay	laid	laid
drink	drank	drunk	lead	led	led
drive	drove	driven	leave	left	left
eat	ate	eaten	lend	lent	lent
fall	fell	fallen	let	let	let
feed	fed	fed	lie	lay	lain
feel	felt	felt	light	lit	lit

원형	과거형	과거분사형	원형	과거형	과거분사형
lose	lost	lost	spend	spent	spent
make	made	made	spit	spit/spat	spit/spat
mean	meant	meant	split	split	split
meet	met	met	spread	spread	spread
pay	paid	paid	spring	sprang	sprung
put	put	put	stand	stood	stood
quit	quit	quit	steal	stole	stolen
read	read	read	stick	stuck	stuck
ride	rode	ridden	sting	stung	stung
ring	rang	rung	stink	stank	stunk
rise	rose	risen	strike	struck	struck
run	ran	run	swear	swore	sworn
say	said	said	sweep	swept	swept
see	saw	seen	swim	swam	swum
seek	sought	sought	swing	swung	swung
sell	sold	sold	take	took	taken
send	sent	sent	teach	taught	taught
set	set	set	tear	tore	torn
sew	sewed	sewn/sewed	tell	told	told
shake	shook	shaken	think	thought	thought
shoot	shot	shot	throw	threw	thrown
show	showed	shown/showed	understand	understood	understood
shrink	shrank	shrunk	wake	woke	woken
shut	shut	shut	wear	wore	worn
sing	sang	sung	weep	wept	wept
sink	sank	sunk	win	won	won
sit	sat	sat	write	wrote	written
sleep	slept	slept			
slide	slid	slid			
speak	spoke	spoken			

[1] 1형식 : 주어가 하는 동작이 강조되는 표현

⟨1⟩ S+V (1-1)

1. spring (명) 봄 ; come (동) 오다
2. wind (명) 바람 ; blow/blew/blown (동) 불다
3. hurry (동) 서두르다 ; must … (조) 해야만 한다
4. sun (명) 해 ; rise/rose/risen (동) 뜨다
5. semester (명) 학기 ; begin (동) 시작하다
6. come/came/come (동) 오다
7. sun (명) 해 ; shine/shone/shone (동) 빛나다
8. it (대) 날씨 등을 나타낼 때 쓴다 ; snow (동) 눈이 내리다
9. we (대) 우리 ; all (부) 모두 ; breathe (동) 숨쉬다 ; drink (농) 마시다 ; eat (농) 먹다
10. see (접) ; 보인다

⟨1형식동사⟩

1. Spring **has come**.
2. The wind **blew**.
3. We **must hurry**.
4. The sun **rose**.
5. The semester **began**.
6. They **came**.
7. The sun **was shining**.
8. It **was snowing**.
9. We all **breathe, drink, and eat**.
10. I see.

〈2〉 S+V+전치사 부사 (1-2)

1. come in (=step in) (동) 안으로 들어오다
2. stay in (동) 안에서 머물다 ; all day long (부) 하루 종일
3. light (명) 불 ; just (부) 방금 ; go out (동) 외출하다
4. come out (동) 안에서 밖으로 나오다
5. step out (=go out) (동) 나가다
6. stand up (동) 일어서다
7. birthday (명) 생일 ; come up (동) 다가오다
8. kid (명) 어린아이 ; grow up (동) 자라다
9. computer (명) 컴퓨터 ; break down (동) 고장 나다
10. wave (명) 파도 ; settle down (동) 가라앉다
11. look on (동) 관찰하다
12. hold on (동) (전화 등을) 끊지 않고 기다리다
13. hat (명) 모자 ; blow off (동) 날아가다
14. fog (명) 안개 ; clear off (동) 걷히다
15. paint (명) 페인트 ; come off (동) 벗겨지다
16. wound (명) 상처 ; heal over (=heal up) (동) 아물다
17. could (조) …할 수 있다 ; get through (동) ～를 통과하다

〈1형식동사+in〉

1. She **came in**.

2. I **stayed in** all day long.

〈1형식동사+out〉

3. The light just **went out**.

4. He didn't **come out**.

5. They just **stepped out**.

〈1형식동사+up〉

6. He **stood up**.

7. Her birthday **is coming (up)**.

8. kids grow up so fast.

<1형식동사+down>

9. My computer **broke down**.

10. The waves **settled down**.

<1형식동사+on>

11. He **looked on**.

12. Can you **hold on**?

<1형식동사+off>

13. My hat **blew off**.

14. The fog **cleared off**.

15. The paint **came off**.

<1형식동사+over · through>

16. The wound **healed over**.

17. We couldn't **get through**.

〈3〉 S＋V＋부사 (1-3)

1. medicine (명) (먹는) 약 ; really (부) 정말로 ; work (동) 효과가 있다. ; for a cold (전치사구) 감기에

2. book(명) 책 ; read (동) 읽다 ; easily (부) 쉽게

3. students (명) 학생 ; do (동) 를 하다 ; on the test (형) 시험에

4. go back (동) 돌아가다

5. step aside (동) 옆으로 비켜서다

6. get home late (동) 늦게 집에 오다 ; from work (전치사구) 직장에서부터 ; last night (부) 지난 밤

7. wind (명) 바람 ; blow (동) 불다 ; hard (부) 세차게

8. Reds (명) 붉은 악마 ; get together (동) 모이다 ; again (부) 다시

9. turn right (동) 오른쪽으로 돌다 ; at the corner (전치사구) 코너에서

10. garden (명) 정원 ; come along (동) 나가오다.진행하다.진척되다. ; how (형) 어떻게

11. already (부) 이미 ; travel (동) 여행하다 ; thousands of miles (부) 수천 마일

12. jump (동) 점프하다 ; two meters (부) 2 미터

13. meeting (명) 회의 ; last (동) 계속하다, 지속하다 ; two hours (부) 2시간

14. temperature (명) 온도 ; rise (동) 올라가다 ; 10 degrees (부) 10도

15. go (동) 가다 ; upstairs (부) 2층에, 위층에

16. talk (동) 이야기하다 ; face to face (부) 얼굴을 맞대고

＜1형식동사＋well · easily＞

1. This medicine really **works well** for a cold.

2. This book **reads easily**.

3. All the students **did well** on the test.

＜1형식동사＋보조부사＞

4. We must **go back**.

5. Could you **step aside**?

6. **I got home late** from work last night.

7. The wind **blew hard**.

8. The Reds **got together** again.

9. **Turn right** at the corner.

10. How is your grarden coming along ?

＜1형식동사＋단위부사＞

11. He **has** already **traveled thousands** of miles.

12. He **jumped two meters**.

13. The meeting **lasted two hours**.

14. The temperature **rose 10 degrees**.

＜1형식동사＋일반부사＞

15. She **went** <u>upstairs</u>.

16. We **talked** <u>face to face</u>.

〈4〉 S+be 동사+(부사・전치사구・준동사・접속사+S+V+∼) (1-4)

1. in (부) 안에
2. pet (명) 애완 동물 ; in the kitchen (전치사구) 주방안에
3. over there (부) 바로 저기에
4. friend (명) 친구 ; here (부) 여기에
5. book (명) 책 ; look for (동) 찾다
6. others (명) 다른 사람들
7. house (명) 집 ; near the station (전치사구) 정거장 가까이
8. plan (명) 계획 ; town (명) 마을 ; on page 23 (전치사구) 23페이지에
9. girlfriend (명) 여자친구 ; by him (전치사구) 그의 옆에
10. always (부) 늘 ; with you (전치사구) 너와 함께
11. at that time (전치사구) 그 때에 ; at college (전치사구) 대학에 다닐 때
12. nobody (대) 아무도 ; help+O+out (동) 돕다
13. in the room (전치사구) 방안에 ; read (동) 읽다
14. before (접) 전에 ; join (동) 합석하다 ; company (명) 회사 ; at the A Corporation (전치사구) A 회사에 근무한
15. everything (대) 모든 것 ; as (접) …한 바와 같이 ; leave (동) 남겨두다 ; it (대) 그것
16. house (명) 집 ; on fire (전치사구) 불타고 있는

<be+부사>

1. He is **in**.

2. The pets are **in the kitchen**.

3. They are **over there**.

4. Your friend is **here**.

5. The book that you're looking for is **here**.

6. Others are **there**.

<be+전치사구>

7. My house is **near the station**.

8. The plan of the town is **on page 23**.

9. His girlfriend was **by him**.

10. I will always be **with you**.

11. At that time, I was **at college**.

12. Nobody was there **to help me out**.

13. She is in the room **reading a book**.

14. **Before I came to this company**, I was at the A corporation.

15. Everything was **as he had left it**.

16. We weren't all there **when the house was on fire**.

⟨5⟩ There+be동사+명사 (1-5)

1. too much (부) 너무 많은 ; idle (형) 실없는 ; gossip (명) 소문

2. a large crowd of people (명) 한 무리의 사람

3. still (부) 여전히 ; many (형) 많은 ; thing (명) 것 ; worth (형) 가치 있는 ; fight for (동) 싸우다

4. fire (명) 화재 ; on (부) …하는 중 ; last night (부) 지난 밤

5. light (명) 불, 전등 ; in the house (전치사구) 집안에 ; off (부) (계속되고 있는 것이) 끊어져

6. place (명) 장소 ; like (전)~와 같은 ; home (명) 집, 고향

7. thirty-one days (명) 31일 ; in March (전치사구) 3월에

8. doubt (명) 의심 ; about (전)~에 관하여 ; it (대) 그것

9. chance (명) 기회 ; go abroad (동) 해외에 가다

10. still (부) 여전히 ; time (명) 시간 ; see (동) 보다 ; movie (명) 영화

11. sufficient (부) 충분한 ; reason (명) 이유 ; satisfy (동) 만족하다

12. no one (대) 아무도 ; love (동) 사랑하다 ; one's own country (명) 조국

13. someone (대) 누군가 ; wait for (동) 기다리다 ; see (동) 보다, 만나다

14. used to be (동) …하곤 했다 (과거의 규칙적인 습관) ; library (명) 도서관

15. stand (동) …에 있다 ; castle (명) 성 ; hill (명) 언덕

16. follow (동) …의 뒤를 잇다 ; long (형) 긴 ; period (명) 기간 ; peace (명) 평화 ; prosperity (명) 번영, 번창

17. know (동) 알다 ; how far (접) 얼마나 멀리 ; science (명) 과학 ; develop (동) 발전하다 ; in the future (전치사구) 앞으로

18. account for (동) 설명하다 ; taste (명) 맛, 취향

<There+be동사+명사>

1. There was **too much idle gossip**.

2. There was **a large crowd of people**.

3. There are still **many things** worth fighting for.

<There+be동사+명사+부사>

4. There was **fire last night**.

5. There were **lights off in the house**.

<There+be동사+명사+전치사~>

6. There is no place **like home**.

7. There are thirty-one days **in March**.

8. There is no doubt **about it**.

<There+be동사+명사+준동사~>

9. There will be a chance **for you to go abroad**.

10. There is still time **for us to see a movie**.

11. There is sufficient reason **for him to be satisfied**.

<There+be동사+명사+접속사~>

12. There is no one **who doesn't love his own country**.

13. There is someone **who is waiting for you to see**.

<There+일반동사+명사~>

14. There **used to be** a library here.

15. There **stands** a castle on the hill.

16. There **followed** a long period of peace and prosperity.

17. There is **no knowing how far science will develop in the future**.

18. There is **no accounting for taste**.

〈6〉 가주어 · 진주어 (1-6)

1. pay (동) 가치있다 ; woed power (명) 어휘력 ; enrich (동) 풍부하게 하다

2. hurt (동) 손해보다 ; help (명) 도움

3. seem (동) …처럼 보이다 ; as if (접) 마치 …처럼 ; see (동) 보다 ; somewhere (부) 어디선가

4. seem (동) …처럼 보이다 ; do (동) 하다

5. matter (동) 문제가 되다 ; how long (접) 얼마나 오래 ; live (동) 살다 ; how (접) 어떻게

6. only (부) 단지 ; remain (동) 남다 ; wish (동) 바라다 ; both of you (명) 둘 ; happiness (명) 행복

7. appear (동) 겉으로 보기에는 ; day (명) 날 ; never (부) 결코 ; end (동) 끝나다

8. happen (동) 우연히 일어나다 ; in (부) …안에 ; visit (동) 방문하다

9. follow (동) 따르다 ; blame (동) 비난하다

10. weather (명) 날씨 ; improve (동) 개선하다 ; soon (부) 곧

11. seem (동) …처럼 보이다 ; love (동) 사랑하다

12. appear (동) 겉으로 보기에는 ; guilty (형) 죄가 있는 ; from the evidence (전치사구) 증거로 미루어 보아 ;

1. **It** pays **to enrich your word power**.

2. **It** won't hurt **to ask for some help**.

3. **It seems to me as if I saw him somewhere**.

4. And **it** seemed **that he did**.

5. **It** matters **not how long we live, but how** (we live).

6. **It** only remains **that I wish both of you happiness.**

7. **It** appeared **that the day would never end.**

8. **It** happened **that we were not in when she visited.**

9. **It** doesn't follow **that he is to be blamed.**

10. **It** would seem **that the weather will improve soon.**

11. **It** seems to me **that he loves her.**

12. **It** appears **that he is guilty from the evidence.**

〈7〉 S + V + 나머지 말 (1-7)

1. brid (명) ; fly (동) 날다

2. go (동) 가다 ; on (by) foot (전치사구) 걸어서

3. lightening (명) 번개 ; rarely (부) 좀처럼 …하지 않다 ; strike (동) 치다 ; twice (부) 두 번 ; in the same place (전치사구) 한 장소에서

4. go (동) 가다 ; upstairs (부) 이층에 ; after a meal (전치사구) 식사 후에

5. rain (동) 비가 내리다 ; cats and dogs (부) 억수같이 ; for an hour (전치사구) 한 시간 동안

6. arrive (동) 도착하다 ; home (부) 집에 ; at last (전치사구) 마침내

7. stand (동) 차지하다 ; first (부) 첫 번째 ; in one's class (전치사구) 자기 반에서

8. simply (부) 단순하게, 도저히 ; stay (동) 머무르다 ; indoors (부) 안에서 ; in such fine weather (전치사구) 그와 같은 좋은 날씨에

9. dog (명) 개 ; cat (명) 고양이 ; lie (동) 눕다 ; side by side (부) 나란히 ; in the shade (전치사구) 그늘에서

10. look up (동) 올려다 보다 ; from the book (전치사구) 책에서 눈을 떼고

11. some (형) (사람, 사물) 얼마간의 ; people (명) 사람들 ; come (동) 오다 ; across the yard (전치사구) 마당을 가로질러

12. drop (동) 떨어지다, 탈락하다 ; out of college (전치사구) 대학으로부터

13. go (동) 가다 ; to bed (전치사구) 침실로 ; late (부) 늦게

14. drive (동) 운전하다 ; to work (전치사구) 직장으로

15. fall in love (동) 사랑에 빠지다

16. arrive (동) 도착하다 ; home (부) 집에 ; at last (전치사구) 마침내

17. stand (동) 차지하다 ; first (부) 첫 번째 ; in one's class (전치사구) 자기 반에서

18. simply (부) 단순하게, 도저히 ; stay (동) 머무르다 ; indoors (부) 안에서 ;
 in such fine weather (전치사구) 그와 같은 좋은 날씨에

19. dog (명) 개 ; cat (명) 고양이 ; lie (동) 눕다 ; side by side (부) 나란히 ; in the shade (전치사구)
 그늘에서

10. look up (동) 올려다 보다 ; from the book (전치사구) 책에서 눈을 떼고

11. some (형) (사람, 사물) 얼마간의 ; people (명) 사람들 ;
 come (동) 오다 ; across the yard (전치사구) 마당을 가로질러

12. drop (동) 떨어지다, 탈락하다 ; out of college (전치사구) 대학으로부터

13. go (동) 가다 ; to bed (전치사구) 침실로 ; late (부) 늦게

14. drive (동) 운전하다 ; to work (전치사구) 직장으로

15. fall in love (동) 사랑에 빠지다

16. stand up (동) 일어서다 ; see (동) 보다 ; better (부) 더 좋게

17. someone (대) 누군가 ; call (동) 방문하다 ; see (동) 보다, 만나다

18. die (동) 죽다 ; hear (동) 듣다, 들리다, 전해 듣다 ; alive (형) 살아있는

19. women (명) 여성들 ; go too far (동) 지나치다 ; lose (동) 잃다, 지다, 낭비하다 ; weight (명) 무
 게, 중량, 체중

20. come to do (관용어 표현) …를 알게 되다 ; see (동) 보다 ; wrong (형) 잘못된

21. fail to (관용어 표현) …하지 못하다 ; swimmer (명) 헤엄치는 사람 ; reach (동) 도착하다
 ; shore (명) 해안

22. stand to do (관용어 표현) …할 입장에 처해있다 ; lose (동) 잃다 ; a large amount of
 money (명) 엄청난 액수의 돈

23. seem to do (관용어 표현) …처럼 보이다 ; name (명) 이름 ;

24. leave (동) 떠나다 ; after … (접) 후에 ; come (동) 오다

25. get up (동) 자리에서 일어나다 ; before (접) …전에 ; sun (명) 해 ; rise (동) 뜨다

26. girl (명) 소녀 ; run (동) 뛰다 ; until (접) …까지 ; out of breath (전치사구) 숨이 차 있는

27. go (동) 가다 ; even (부) 조차도 ; even if (접) … 할지라도 ; rain (동) 비가 내리다

28. act (동) 행하다 ; as if (접) 마치 …처럼 ; own (동) 소유하다 ; place (명) 장소

1. Birds are flying **in the sky**.

2. I'll go **by foot**.

3. Lighting rarely strikes twice **in the same place**.

4. They went upstairs **after the meal**.

5. It was raining cats and dogs **for an hour**.

6. She arrived home **at last**.

7. Sarah stands first **in his class**.

8. We simply can't stay indoors **in such fine weather**.

9. A dog and a cat were lying side by side **in the shade**.

10. He looked up **from the book**.

11. **Across the yard** came some people.

12. He dropped **out of college**.

13. I go **to bed late**.

14. She drives **to work**.

15. He fell **in love**.

16. She stood up **to see better**.

17. Someone has come **to see you**.

18. He died **without having heard his son alive**.

19. Women go too far **in losing weight**.

20. I came **to see that he was wrong**.

21. The swimmer failed **to reach the shore**.

22. We stand **to lose a large amount of money**.

23. I seem **to have heard his name**.

<주어+1형식동사+접속사 S+V+~>

24. I'll leave **after he comes**.

25. They got up **before the sun rose**.

26. The girl ran **until she was out of breath**.

27. He'll go **even if it rains**.

28. He acts **as if he owns the place**.

[2] 2형식: 주어를 설명할 때 쓰는 패턴

〈1〉 S+be+S.C(형용사) (2-1)

1. alike (형) 서로가 닮은 ; exactly (부) 매우
2. centimeter (명) 센티미터 ; tall (형) 키가 큰
3. old (형) ~살(세)의, 나이 먹은
4. wrong (형) 틀린
5. day (명) 낮 ; long (형) 긴 ; warm (형) 따뜻한 ; in spring (전치사구) 봄에는
6. honest (형) 정직한 ; rich (형) 부자인
7. turn down (동) 거절하다 ; unlikely (형) 있을 수 없는

<be+형용사>

1. They are exactly **alike**.

2. She is 170 centimeters **tall**.

3. I'm twenty-years **old**.

4. I am **wrong**.

5. In spring, the days are **long and warm**.

6. He is honest, but he isn't **rich**.

7. That he will turn down(=refuse) it is **unlikely**.

  (= It is unlikely that he will refuse(=turn down) it.

〈2〉 S+be 동사+S.C(명사) (2-2)

1. swimming (명) 수영 ; good (형) 좋은 ; exercise (명) 운동
2. athletic meet (명) 운동회 ; big (형) 큰 ; success (명) 성공
3. a big eater (명) 대식가
4. agriculture (명) 농업 ; one of the most important industries (명) 가장 중요한 산업중에 하나 ; in our country (전치사구) 우리 나라에서
5. uncle (명) 아저씨 ; a heavy smoker (명) 담배를 많이 피우는 사람

〈be+명사〉

1. Swimming is **a good exercise**.

2. Our athletic meet was **a big success**.

3. He is **a big eater**.

4. Agriculture is **one of the most important industries** in our country.

5. Our uncle is **a heavy smoker**.

〈3〉 S+be 동사+S.C(준동사) (to V · 동명사 · 분사) (2-3)

1. house (명) 집 ; rent (동) 임대하다
2. blame (동) 비난하다
3. object (명) 목적, 목표 ; help (동) 돕다
4. know (동) 알다 ; like (동) 좋아하다
5. work (명) 일 ; repair (동) 수리하다 ; computer (명) 컴퓨터
6. job (명) 직업 ; sell (동) 팔다 ; book (명) 책
7. one of the things (명) 한가지 일 중에 하나 ; husband (명) 남편 ; like (동) 좋아하다
    take out (동) 치우다

8. boss (명) 보스 ; demanding (형) 요구하는

9. mistaken (형) 틀린, 오해한, 잘못 생각한

10. part (명) 부분 ; parcel (명) 소포 ; damaged (형) 파손된

11. pleased (형) 즐거운 ; come to (동) …에로 오다 ; birthday party (명) 생일 파티

12. some (형) 일부, 몇몇 ; customer (명) 고객 ; confused (형) 혼돈한 ; about the return policy (전치사구) 환불정책에 대해

13. view (명) 광경 ; pleasing (형) 즐거움을 주는

14. game (명) 경기 ; exciting (형) 흥분한, 손에 땀을 쥐게 하는

<S+be+to V>

1. This house is **to rent**.

2. He is **to be blamed**.

3. My object was <u>to help you</u>.(=helping you)

4. To know her is **to like her**.

<S+be+동명사/to V>

5. His work is **repairing the computers**.

6. His job is **selling the books**.

7. One of the things my husband doesn't like is **taking out the garbage**.

<S+be+분사>

8. The boss is too **demanding**.

9. He was **mistaken**.

10. Part of the parcel was **damaged**.

<S+be+사람의 감정·감각의 분사>

11. I will be very **pleased** (=glad, happy) if you come to my birthday party.

12. Some customers are **confused** about the return policy.

13. The view is **pleasing**.

14. The game was very **exciting**.

1. of no importance (전치사구) 중요치 않은

2. part of our house (명) 우리 집의 일부 ; of the 15th-century style (전치사구) 15세기 식의 스타일

3. shoe (명) 구두 ; of my size (전치사구) 내 크기인

4. in good shape (전치사구) 몸매가 예쁜

5. everything (대) 모든 것 ; in good order (arranged well) (전치사구) 정돈이 잘되어 있는

6. memory (명) 기억 ; in the wrong (at fault) (전치사구) 잘못 되어 있는

7. vending machine (명) 자동판매기 ; out of service (전치사구) 고장난

8. we all (대) 우리 모두 ; out of breath (전치사구) 숨이 차있는

9. on vacation (전치사구) 휴가중인

10. at that time (전치사구) 그때 ; on a cruise (전치사구) 배로 여행중인

11. these (대) 이들, 이것들 ; on sale (전치사구) 판매중인

12. this (대) 이깃 ; on the house (전치사구) 시비스인

13. accomplishment (명) 성취 ; beneath one's ability (전치사구) 능력 아래에 있는

14. poem (명) 시 ; above (beyond) me (전치사구) 나의 능력을 벗어난

15. the Giants (명) 미국 야구 메이저리그의 한 팀 ; game (명) 경기 ; behind the Dodgers (전치사구) 다저스 보다 뒤 처진

16. letter (명) 편지 ; for you (전치사구) 너를 위한

17. who (접) 누가 ; it (대) 그것은 ; for someone (전치사구) …를 위해

18. problem (명) 문제 ; simple (부) 도저히, 단순하게 over one's head (전치사구) 이해를 넘어, 알 수 없는

19. over eighty (전치사구) 80살이 넘은

20. off the point (전치사구) 주제를 벗어난

21. off work (전치사구) 일을 하지 않는

22. button (명) 단추 ; off your coat (전치사구) 코트에서 떨어진

23. like brothers (전치사구) 형제처럼

24. such (형) 그러한 ; behavior (명) 행동 ; like him (전치사구) 그와 같은

25. interest rate (명) 이자율 ; one percent (부) 1 퍼센트

26. computer (명) 컴퓨터

27. game (명) 게임

1. This is **of no importance**.

2. Part of our house is **of the 15th-century style**.

3. These shoes are not (**of**) **my size**.

<S+be+in~>

4. She is **in good shape**.

5. Everything is **in good order**.

6. Your memory is **in the wrong** (at fault).

<S+be+out of~>

7. The vending machine is **out of service**.

8. We were all **out of breath**.

<S+be+on~>

9. we're **on vacation**.

10. At that time, I was **on a cruise**.

11. These are **on sale**.

12. This is **on the house**.

<S+be+beneath · beyond · behind~>

13. His accomplishment is **beneath his ability**.

14. This poem is **above me** (beyond me).

15. The Giants are 3 games **behind the Dodgers**.

<S+be+for~>

16. This letter is **for you**.

17. **Who** is it **for**?

<S+be+over~>

18. This problem is simply **over my head**.

19. She is **over twenty**.

20. That is **off the point**.

21. He is **off work**.

22. A button is **off your coat**.

23. They are **like brothers**.

24. Such behavior is **like him**.

25. The interest rate is one percent **up**.

26. The computer is **down**.

27. The game is **over**.

〈5〉 S+be 동사+S.C(접속사+S+V)(2-5)

1. trouble (명) 문제 ; shop (명) 가게 ; closed (형) 닫은

2. suggestion (명) 제안 ; plant (동) 심다 ; tree (명) 나무 ; in the street (전치사구) 거리에

3. problem (명) 문제 ; doctor (명) 의사 ; village (명) 마을

4. question (명) 문제 ; when (접)~할 때 ; how (접) 어떻게 ; carry+O+out (동)~를 실행하다

5. reason (명) 이유 ; live (동) 살다 ; in a very remote place (전치사구) 매우 먼 곳에

6. what (접)~하는 것 ; used to be (동) (과거에) …하곤 하다

7. this (대) 이것은 ; where (접) 어디에 ; work (동) 일하다

8. that (대) 그것은 ; what (대)~하는 것 ; say (동) 말하다

9. what (접)~하는 것 ; look for (동) 찾다

---

1. The trouble is **that all the shops are closed**.

2. My suggestion is **that we plant more trees in the street**.

3. The problem is **that there is no doctor in this village**.

4. The question is **when and how we should carry it out**.

5. The reason is **that I live in a very remote place**.

6. She is not **what she used to be**.

7. This is **where I work**.

8. That is **what I'm saying**.

9. Is this **what you're looking for**?

〈6〉 S+be+형용사 · (p.p) (2-6)

1. ready (형)
2. train (명) 기차 ; scheduled (형) 예정된 ; arrive (동) 도착하다 ; on time (전치사구) 정각에
3. angry (형) 화난 ; find (동) 우연히 발견하다, 알다 ; off the team (전치사구) 팀에서 벗어난
4. student (명) 학생들 ; pleased (형) 기쁜, 즐거운 ; find (동) 우연히 발견하다, 알다 ; examination (명) 시험
5. afraid (형) 두려워하여 ; go (동) 가다
6. positive (형) 명확한, 확신하고 있는 ; whether (접) ~인지 아닌지
7. clear (형) 밝은, 투명한 ; where (접) 어디에 ; go (동) 가다

〈형용사+to V〉

1. I am ready **to go**.

2. The train is scheduled **to arrive on time**.

〈형용사+~ing〉

3. He was angry **in finding that he was off the team**.

4. The students were pleased **in finding(=to find) that there would be no examination tomorrow**.

〈S+V+형용사 · P.P.+접속사+S+V+~〉

5. I'm afraid **that I must be going**.

6. I'm not positive **whether she was Sarah or not**.

7. We're not clear **where she has gone**.

〈7〉 S＋일반동사＋S.C(형용사) (2-7)

1. get+well (동) 건강이 좋아지다.

2. nervous (형) 화남, 짜증나는

3. long-cherished (형) 오랫동안 마음에 품어온 ; dream (명) 꿈 ;
   come (동) 오다 ; true (형) 사실로 ; at last (전치사구) 마침내

4. become (동) …이 되다 ; quite (부) 아주 ; industrious (형) 부지런한

5. if (접) 만약에 ; keep (동) 유지하다 ; quiet (형) 조용한 ; get (동) …을 얻다 ; well (형) 건강한 ; in a
   week or two (전치사구) 일 이주 후에

6. picture (명) 그림 ; look (동) 보이다 ; all the more (부) 더욱 ; beautiful (형) 아름답게 ; when
   (접)~때 ; look at (동) 쳐다보다 ; at a distance (전치사구) 멀리서

---

1. He soon **got** <u>well.</u>

2. She **gets** <u>nervous</u> very easily.

3. My long-cherished dream **has come** <u>true</u> at last.

4. He **has become** quite <u>industrious</u>.

5. If you **keep** <u>quiet</u>, you will **get** <u>well</u> in a week or two.

6. This picture **looks** all the more <u>beautiful</u> when we look at a distance.

〈8〉 S＋일반동사＋S.C(명사) (2-8)

1. from that time (전치사구) 그 때부터 ; turn (동) …이 되다 ; a different man (another man)
   (명) 딴 사람

2. become (동) …이 되다 ; famous (형) 유명한 ; movie star (명) 배우

3. my best friend (명) 가장 친한 친구

4. make (동) …이 되다 ; handsome (형) 멋진 ; couple (명) 커플

5. make (동) …이 되다 ; scholar (명) 학자

1. From that time, he **became** <u>a different man</u> (another man).

2. She **became** <u>a famous movie star</u>.

3. He **became** <u>my best friend</u>.

4. Peter and Eva **make** <u>a handsome couple</u>.

5. He will **make** <u>an excellent scholar</u>.

〈9〉 S+일반동사+S.C(분사 : ~ing/p.p) (2-9)

1. keep (동) 어떤 상태를 유지하다 ; crying (분) 외치는, 울부짖는

2. raining (분) 비가 내리는 ; for a week (전치사구) 일주일 동안

3. go+~ing (관용어 표현) …하러 가다

4. ride (동) 타다 ; bike (명) 자전거 ; this coming weekend (부) 다가오는 이번 주말에

5. office (명) 사무실 ; rob (동) 도둑질하다, 약탈하다

6. get caught in the rain (관용어 표현) 비를 만나다 ;
   on one's way home (전치사구) 집에 오는 도중에

7. get stuck (관용어 표현) 곤경에 빠지다 ; in a traffic jam (전치사구) 교통정체에 있는

8. seem (동) 보이다 ; delighted (분) 기쁜

9. look (동) 보이다 ; tired (형) 피곤한

10. on the phone (전치사구) 통화중에 ; sound (동) 들리다 ; preoccupied (분) 정신이 팔려있는

11. all (형) 모든 ; plan (명) 계획 ; come (동) 오다 ; unsolved (분) 해결되지 않은

12. warning (명) 경고 ; go (동)가다 ; unheeded (분) 주의를 기울이지 않은

13. surprised (형) 놀란

14. knot (명) 매듭 ; come (동) 오다, …하기에 이르다 ; untied (분) 묶이지 않는

1. She **kept** <u>crying</u>.

2. It **kept** <u>raining</u> for a week.

3.Jane **went** <u>shopping</u>.

4. We'll **go** <u>riding a bike</u> this coming weekend.

5. The office **got** <u>robbed</u> last night.

6. I **got** <u>caught</u> in the rain on my way home.

7. We **got** <u>stuck</u> in a traffic jam.

8. She **seemed** <u>delighted</u>.

9. You **look** <u>tired</u>.

10. On the phone, she **sounded** <u>preoccupied</u>.

11. All the plan can **come** <u>unsolved.</u>

12. His warning **went** <u>unheeded</u>.

13. You **sound** <u>surprised</u>.

14. The knot **came** <u>untied</u>.

〈10〉 S＋일반동사＋S.C(전치사구) (2-10)

1. ship (명) 배 ; go (동) 가다 ; out of sight (전치사구) 시력에서 벗어난

2. get (동)손에 넣다, 잡다, …을 알다, …을 …되게 하다 ; out of bed (전치사구) 잠자리에서 벗어난 ; early (부) 일찍

3. machine (명) 기계 ; prove (동) 입증하다 ; of no use (전치사구) 쓸모없는

4. go (동) 가다 ; on a diet (전치사구) 다이어트 중인

5. sound (동) …한 소리가 나다 ; up a tone (전치사구) 한 톤이 높은

6. go far (동) 지나치다 ; far (부) 훨씬 ; beyond me (전치사구) 나의 능력을 벗어난 ; in learning (전치사구) 학문 면에서

1. The ship **has gone** <u>out of sight</u>.

2. He **got** <u>out of bed</u> early.

3. This machine **proved** <u>of no use</u>.

4. She **went** <u>on a diet</u> last week.

5. This piano **sounds** <u>up a tone</u>.

6. He **has gone** far <u>beyond me</u> in learning.

〈12〉 S＋일반동사＋like＋명사·～ing·접속사＋S＋V～(2-12)

1. smell (동) 냄새나다 ; rose (명) 장미
2. sound (동) 들리다 ; nice (형) 좋은 ; guy (명) 남자
3. taste (동) 맛이 나다 ; chicken (명) 치킨
4. feel (동) 느끼다 ; snow (명) 눈
5. see (동) 보다, 구경하다 ; movie (명) 영화
6. rain (명) 비 ; last (동) 지속하다
7. look (동) 보이다 ; snow (동) 눈이 내리다
8. busy (형) 바쁜

〈like+명사〉

1. It **smells like** <u>roses</u>.

2. He **sounds like** <u>a nice guy</u>.

3. It **tastes like** <u>chicken</u>.

4. It **feels like** <u>snow</u>.

〈like+~ing〉

5. He **didn't feel like** <u>seeing a movie</u>.

6. The rain **looks like** <u>lasting</u>.

7. It **looks like** <u>that it will snow today</u>.

8. It **looks like** <u>that you're busy</u>.

〈13〉 S+일반동사+as+명사 (2-13)

1. live (동) 살다 ; saint (명) 성인
2. noun (명) 명사 ; function (동) 기능을 하다 ; object (명) 목적어
3. book (명) 책 ; count (동) 간주하다 ; masterpiece (명) 걸작
4. appear (동) …처럼 보이다 ; Hamlet (명) 햄릿
5. rank (동) …로 평가되다, 차지하다 ; high (부) 높은, 지위가 높은 ; critic (명) 비평가
6. serve (동) …로 일하다 ; manager (명) 지배인 ; store (명) 가게

---

1. He **lived** <u>as a saint</u>.

2. This noun **functions** <u>as an object</u>.

3. The book **counts** as <u>a masterpiece</u>.

4. He **appeared** <u>as Hamlet</u>.

5. He **ranks** high <u>as a critic</u>.

6. He **has served** <u>as manager</u> in the store.

〈14〉 S+일반동사+to be+형용사 · 명사 · 분사(~ing/p.p) · 전치사구 (2-14)

1. attempt (명) 시도 ; prove (동) 입증하다 ; successful (형) 성공한
2. honest (형) 정직한
3. blue (형) 푸른 ; whale (명) 고래 ; grow (동) 자라다 ; meter (명) 미터 ; long (형) 긴
4. optimist (명) 낙관주의자 ; tend (동) …하는 경향이 있다 ; healthy (형) 건강한 ; happy (형) 행복한
5. cynic (명) 냉소적인 사람
6. spectator (명) 구경꾼

7. truthful (형) 진실한 ; friend (명) 친구

8. few (형) 거의 없는 ; suffer from (동) ～로부터 고생하다 ;
   cold (명) 감기 ; this winter (부) 이번 겨울

9. enjoy (동) 즐기다 ; party (명) 파티

10. depressed (분) 의기소침한

11. unmarried (분) 결혼하지 않은 ; through all her life (전치사구) 평생을 통해

12. disappointed (분) 실망한

13. happen (동) 우연히 일어나다 ; in the office (전치사구) 사무실에

14. in no hurry (전치사구) 서두르지 않는 ; pay back (동) 갚다 ; borrowed (분) 빌린 ; money (명) 돈

<S+V+to be+형용사>

1. Their attempt **proved to be** successful.

2. He **seems to be** honest.

3. The blue whale can **grow to be** 27 meters long.

4. Optimists **tend to be** healthier and happier.

<S+V+to be+명사>

5. He **remained to be** cynic.

6. We cannot **remain to be** spectators.

7. He **proved to be** a truthful friend.

<S+V+to be+~ing>

8. Few people **seem to be** suffering from a cold this winter.

9. You **seem to be** enjoying the party.

<S+V+to be+P.P.>

10. She **appeared to be** depressed.

11. She **remained to be** unmarried through all her life.

12. She **seemed to be** disappointed.

13. She **happened to be** in the office.

14. He **seems to be** in no hurry to pay back his borrowed money.

〈15〉 S+1형식동사+형용사 · 명사 · 분사(~ing · p.p) (2-15)

1. lie (동) 눕다 ; sleepless (형) 잠을 이루지 못하는

2. marry (동) 결혼하다 ; old (형) 나이든

3. fall down (동) 넘어지다 ; unconscious (형) 무의식 속의

4. come back (동) 돌아오다 ; home (부) 집 ; millionaire (명) 백만장자

5. part (동) 헤어지다 ; the best (friend) of friends (명) 친구 중에 가장 친한 친구

6. live (동) 살다 ; die (동) 죽다 ; bachelor (명) 독신자

7. sit (동) 앉다 ; watch (동) 지켜보다 ; bird (명) 새 ; on the shore (전치사구) 물가에

8. men (명) 남자들 ; stand (동) 서다 ; together (부) 함께 ; in the yard (전치사구) 마당에 ; say (동) 말하다 ; crazy (형) 미친

9. go away (동) 멀리 가다 ; quite (부) 아주 ; satisfied (분) 만족한

10. fall down (동) 빠지다 ; tired (분) 피곤한

1. She lay **sleepless**.

2. He married **old**.

3. He fell down **unconscious**.

4. He came back home **a millionaire**.

5. They parted **the best of friends**.

6. He lived and died **a bachelor**.

7. They sat **watching the birds** on the shore.

8. He went away quite **satisfied**.

9. She fell down **tired**.

⊣〈16〉 가주어 · 진주어 (2-16)⊢

1. possible (형) 가능한 ; master (동) 통달하다 ; within two or three years (전치사구) 2, 3년 내에

2. sometimes (부) 때때로 ; good (형) 좋은 ; alone (형) 홀로, 외로이

3. difficult (형) 어려운 ; for the children (전치사구) 자녀가 ; always (부) 항상 ; live up to (동)~ 의 의지대로 살다 ; expectation (명) 기대 ; parents (명) 부모

4. etiquette (명) 에티켓 ; man (명) 남자 ; remove (동) 벗다 ; hat (명) 모자 ; speak (동) 말하다 ; lady (명) 숙녀

5. bad (형) 나쁜 ; habit (명) 습관 ; read (동) 읽다 ; newspaper (명) 신문 ; while (접) ~하는 동안 ; eat (동) 먹다

6. bad (형) 나쁜 ; manners (명) 태도 ; yawn (동) 하품하다 ; in another's face (전치사구) 다른 사람 앞에서

7. foolish (형) 멍청한 ; catch (동) -을 잡다,붙잡다 ; fish (명) 고기 ; tree (명) 나무

8. unwise (형) 현명하지 못한 ; take (동) 잡다 ; chance (명) 기회 ; circumstance (명) 환경

9. pity (명) 유감 ; miss (동) 놓치다 ; such a golden opportunity (명) 절호의 기회

10. no wonder (명) 조금도 이상하지 않음 ; pass (동) 통과하다 ; entrance examination (명) 입학 시험 ; at the first attempt (전치사구) 단번에

11. try to do (동) ~을 노력하다 ; keep up (동) 유지하다 ; old friendship (명) 옛 우정

12. talk about (동) ~관해 이야기하다 ; something (대) 무엇인가 ; unpractical (형) 비실용적인

1. **It** is possible **to master English** within two or three years.

2. Sometimes it is good **to be alone**.

3. **It** is difficult for the children always **to live up to the expectation of their parents**.

4. **It** is an etiquette for man **to remove his hat** when (he is) speaking to a lady.

5. **It** is a bad habit **to read a newspaper** while (we're) eating.

6. **It** is a bad manner **to yawn** in another's face.

<It+be+형용사 · 명사+~ing>

7. **It** is foolish **catching a fish** on a tree.

8. **It** is unwise your **taking a chance** under any circumstances.

<It+be+형용사 · 명사+접속사+S+V+~>

9. **It** is a pity **that you have missed such a golden opportunity**.

10. **It** is no wonder **that he has passed the entrance examination** at the first attempt.

<It+be+no use+~ing>

11. **It**'s no good **trying to keep up the old friendship**.

12. It's no use **talking about something unpractical**.

[3] 3형식 : 주어가 하는 동작과 그 동작의 대상이 올 쓸 때 쓰는 패턴

〈1〉 S+완전타동사+O (3-1)

1. homework (동) 숙제
2. mother (명) 어머니 ; hospital (명) 병원
3. hobby (명) 취미 ; pen (명) 병원

1. I have to **do** a lot of homework.

2. I must **take** my mother to the hospital today.

3. I **have** a hobby.

┤⟨2⟩ S+완전자동사+O (동족어 · 유사어) (3-2)├

1. dream (동) 꿈꾸다 ; strange (형) 이상한 ; last night (부) 지난 밤
2. smile (동) 미소 짓다 ; ugly (형) 추악한
3. live (동) 살다 ; over again (부) 되풀이해서
4. sing (동) 노래를 부르다 ; beautiful (형) 아름다운

---

1. He <u>dreamed</u> **a strange dream** last night.

2. She <u>smiled</u> **an ugly smile**.

3. I would not <u>live</u> **my life** over again.

4. She always <u>sings</u> **a beautiful song**.

┤⟨3⟩ S+V+전치사+O (3-3)├

1. fall for (동) 반하다
2. roll up (동) ～을 말다 ; carpet (명) 양탄자, 카펫.
3. make up (동) ; (시험)을 다시보다.
4. always (부) 항상 ; dream of (동) 꿈꾸다 ; become (동) ～이 되다 ; conductor (명) 지휘자 ; orchestra (명) 오케스트라
5. call on (동) ～을 방문하다 ; teacher (명) 선생님
6. consent to (동) 찬성하다 ; suggestion (명) 제안
7. go on (동) ～를 계속하다 ; talking (명) 이야기
8. fail in (동) 실패하다 ; persuade (동) 설득하다

9. stick to (동) 고수하다 ; original position (명) 원래의 입장

1. I **fell for** her.

2. I'm rolling up the carpet.

3. Can I make up the test I missed.

4. I have always **dreamed of** becoming the conductor of an orchestra.

5. He **called on** his teacher.

6. I can't **consent to** the suggestion.

7. He **went on** talking.

8. I **failed in** persuading him.

9. He **stuck to** his original position.

〈4〉 S＋자동사＋부사＋전치사＋O (3-4)

1. get down to (동) ～을 시작했다 ; business (명) 사업

2. look forward to (동) ～를 학수고대하다 ; meet (동) 만나다

3. water (명) 물 ; come up to (동) ～에 이르다 ; knee (명) 무릎

4. do away with (동) 폐지하다 ; practice (명) 과거

5. have to (조) …해야만 한다 ; make up for (동) 보충하다 ; lost time (명) 잃어버린 시간

6. put up with (동) (고통 따위를) 참다 ; headache (명) 두통

7. set out for (동) 출발하다 ; without delay (전치사구) 지체 없이

8. speak ill of (동) 나쁘게 말하다 ; others (대) 다른 사람들

1. I **got down to** business.

2. I am **looking forward to** meeting her.

3. The water **came up to** the knees.

4. We should **do away with** such a practice.

5. He had to **make up for** lost time.

6. I cannot **put up with** my headache.

7. They **set out for** Japan without delay.

8. Don't **speak ill of** others.

〈5〉 S＋V＋형용사(～p.p)＋전치사＋O (3-5)

1. be respectful of (동) 존경하다 ; courage (명) 용기

2. become aware of (동) ～를 깨닫게 되다 ; personal (형) 개인적인 ; limitation (명) 한계

3. be married to (동) ～와 결혼생활을 하다

4. be satisfied with (동) ～에 대해 만족하다 ; the hours (명) 근무시간

5. be well known as (동) ～로 잘 알려지다 ; political (형) 정치적인 ; cartoonist (명) 만화가

6. be bored with (동) ～에 염증을 느끼다 ; math (명) 수학 ;
   throughout his college life (전치사구) 대학생활을 통해서

7. be released from (동) ～로부터 해제되다 ; contract (명) 계약 ; contact (동) 연락하다

---

1. We'**re respectful of** his courage.

2. He **became** more **aware of** his personal limitations.

3. He **has been married to** her for over ten years.

4. She **was satisfied with** the hours.

5. He **is well known as** a political cartoonist.

6. He **was bored with** math throughout his college life.

7. When you'**re released from** your contract, please contact us.

├〈6〉S＋타동사＋추상명사＋전치사＋O (3-6)┤

1. have a special liking for (동) ～를 특히 좋아하다
2. make a good impression on (동) ～에게 좋은 인상을 주다
3. make friends with (동) ～와 친구가 되다 ; neighbor (명) 이웃 ; yet (부) 아직, 여전히
4. take advantage of (동) 이용하다 ; opportunity (명) 기회
5. give way to (동) ～에게 자리를 내어주다 ;
   steam train (명) 증기 기관차 ; electric train (명) 전기 기관차
6. give birth to (동) 아이를 낳다 ; boy (명) 사내아이
7. pay attention to (동) ～에 주의를 기울이다 ; say (동) 말하다
8. take delight in (동) ～를 즐기다 ; see (동) 보다 ; people (명) 사람들 ; dance (동) 춤추다

1. He **has a special liking for** a cat.
2. She **made a good impression on** him.
3. Have you **made friends with** your new neighbors yet?
4. He should **take advantage of** the opportunity.
5. Steam trains **gave way to** electric trains.
6. She **gave birth to** a boy yesterday.
7. Don't **pay attention to** what he says.
8. I **take delight in** seeing people dance.

├〈7〉S＋V＋A＋전치사＋B (3-7)┤

1. endow Ⓐ＋with Ⓑ (동) 〈Ⓐ에게 Ⓑ를 부여하다〉 ; nature (명) 자연, 하늘 ;
   wit (명) 기지 ; intelligence (명) 지성
2. remind＋Ⓐ＋of Ⓑ (동) 〈Ⓐ에게 Ⓑ를 상기시키다〉 ; dead (형) 죽은 ; sister (명) 누이
3. change＋Ⓐ＋into Ⓑ (동) 〈Ⓐ를 Ⓑ로 바꾸다〉 ;
   magician (명) 마술가 ; scarf (명) 스카프 ; rabbit (명) 토끼
4. prohibit Ⓐ from Ⓑ (동) 〈Ⓐ가 Ⓑ하지 못하게 하다〉

5. prevent＋A＋from B (동) 〈A에게 B를 하지 못하게 하다〉; heavy snow (명) 폭설; go out (동) 외출하다

6. scold＋A＋for B (동) 〈A에게 B에 대해서 야단치다〉; carelessness (명) 부주의

7. impose＋A＋on B (동) 〈A에게 B를 부과하다〉; customs (명) 세관; tax (명) 세금; property (명) 재산

8. waste＋A＋on B (동) 〈A를 B에 대해 낭비하다〉; energy (명) 정력; unpractical (형) 비실용적인

9. change A into B (동) 〈A를 B로 바꾸다〉

10. deprive A of B (동) 〈A에게 B를 빼앗다〉; government (명) 정부; freedom (명) 자유

11. excuse A for B (동) 〈A에 B한 것을 용서하다〉

12. send A for B (동) 〈A에게 B를 부르러 보내다〉; doctor (명) 의사

13. inform A of B (동) 〈A에게 B를 알리다〉; meeting (명) 회의

14. tell (동) 말하다; fact (명) 진상; case (명) 사건, 사례

15. give (동) 주다; interview (명) 인터뷰; reporter (명) 신문기자

16. beg (동) 구걸하다; money (명) 돈

17. call (동) 부르다; taxi (명) 택시

18. make (동) 만들다; all of us (명) 우리 모두

19. propose (동) 신청하다; marriage (명) 결혼

20. explain (동) 설명하다; policy (명) 정책; inevitable (형) 피할 수 없는

21. present (동) 주다; humble (형) 겸손한; apology (명) 사과

22. apply for (동) 신청하다; admission (명) 입회; riding club (명) 승마클럽

23. opposition (명) 반대; immediate (형) 즉각의; inquiry (명) 조사; behavior (명) 행동; police (명) 경찰

<기본형>

1. Nature <u>has endowed</u> her <u>with</u> wit and intelligence.

2. Nina <u>reminds</u> me <u>of</u> my sister.

3. The magician <u>changed</u> the scarf <u>into</u> a rabbit.

4. My father <u>prohibited</u> me <u>from</u> driving his car.

5. Heavy snow <u>prevented</u> us <u>from</u> going out.

6. Mother <u>scolded</u> me <u>for</u> my carelessness.

7. The customs <u>imposed</u> taxes on my property.

8. Don't <u>waste</u> your energy <u>on</u> something unpractical.

9. He <u>changed</u> a five-dollar bill <u>into</u> five singles.

10. The government <u>deprived</u> us <u>of</u> our freedom.

11. Please <u>excuse</u> me <u>for</u> being late.

12. He <u>sent</u> me <u>for</u> a doctor.

13. Jane <u>informed</u> me <u>of</u> the meeting.

<S+수여동사+O+전치사~>

14. He <u>told</u> all the facts <u>of</u> the case to me.

15. He <u>gave</u> an interview <u>to</u> a reporter.

16. He <u>begged</u> money <u>of</u> me.

17. He <u>called</u> a taxi <u>for</u> me.

18. She <u>made</u> coffee <u>for</u> all of us.

<S+착각동사+O+to~>

19. He <u>proposed</u> marriage <u>to</u> Sarah.

20. I <u>explained</u> <u>to him</u> that the policy was inevitable.

21. please <u>present</u> my humble apologies <u>to</u> him.

<S+동사구+O+전치사~>

22. He <u>applied for</u> admission <u>to</u> the riding clud.

23. The opposition <u>has called for</u> an immediate inquiry <u>into</u> the behavior of the police.

┤〈8〉S＋V＋동사＋O(S＋동사＋O＋부사) (3-8)├

1. put＋O＋on (동) 신다, 입다

2. had better (조) …하는 편이 좋겠다 ; take＋O＋off (동) 벗다 ; overcoat (명) 코트

3. shake＋O＋off (동) 쓸어내다

4. clean+O+out (동) 말끔히 청소하다 ; place (명) 장소

5. look＋O＋over (동) 훑어보다

6. go＋O＋through (동) 겪다 ; hardship (명) 곤란

7. turn＋O＋on (동) 재수가 좋다

8. continual (형) 계속적인 ; wet (형) 젖은 ; weather (명) 날씨 ; get＋O＋down (동) 침울해지다

9. stick it out (동) (시간적으로) 버티다 ; any longer (부) 더 이상

10. leave＋O＋behind (동) 남기고 죽다 ; fortune (명) 재산

11. you (대) 당신, 여러분 ; keep＋O＋away (동) 가까이 하지 못하게 하다 ;

 children (명) 자녀 ; from the fire (전치사구) 불로 부터

12. take+O+hard (동) …을 힘겹게 받아드리다 ; death (명) 죽음 ;

13. take+O+home (동) …로 집에 오다 ; bus (명) 버스

1. **Put** your shoes **on**.

2. You'd better **take** your overcoat **off**.

3. She **shook** the snow **off**.

4. I **cleaned** the place **out**.

5. She **looked** him **over**.

6. He **went** many hardships **through**.

7. Sarah **turns** me **on**.

8. This continual wet weather **is getting** me **down**.

9. I can't **stick** it **out** any longer.

10. He **left** a large fortune **behind** (him).

11. You should **keep** your children **away** from the fire.

12. He **took** her death **hard**.

13. She **took** a bus **home**.

1. get in touch with ; ～와 연락을 취하다
2. keep (동) 유지하다 : in (전)～안에 ; mind (명) ; 마음

1. Get in touch with me.

2. Keep it in mind .

1. marry (동) 결혼하다
2. love (동) 사랑하다 ; our (own) country (명) 조국
3. few (형) 별로 없는 ; know (동) 알다 ; Russian (명) 러시아어
4. even (부) ～조차도 ; science (명) 과학 ; create (동) 창조하다 ;
   something (대) 유 ; out of nothing (전치사구) 무에서
5. never (부) 결코 ～하지 않다 ; forget (동) 잊다 ; kindness (명) 신세 ;
   as long as (접) ～하는 한 ; live (동) 살다
6. get (동) 걸리다 ; cold (명) 감기
7. gain (동) 얻다 ; much (형) 많은 ; weight (명) 무게
8. lose (동) 잃다 ; appetite (명) 식욕
9. make (동) 일으키다 ; trouble (명) 문제 ; school (명) 학교
10. take (동) 하다 ; step (명) 수단 ; avoid (동) 피하다 ; trouble (명) 문제
11. kindness (명) 친절 ; show (동) 보이다 ; way (명) 방법
12. nerve (명) 신경 ; come (동) 오다 ; uninvited (형) 초대받지 않은
13. habit (명) 버릇 ; talk to (동) …와 이야기 하다
14. the least (부) 가장 적게 ; idea (명) 생각, 의견 견해 ; become (동) …이 되다 ; teacher (명) 교사

⟨I⟩ S＋V＋명사 · 대명사 (3-I0)

1. Sarah married **Kevin**.

2. We love **our country**.

3. Few Koreans know **Russian**.

4. Even science cannot create **something** from nothing.

5. I shall never forget **your kindness** as long as I live.

6. I had a cold.

7. She has gained **a lot of weight**.

8. I have lost **my appetite**.

9. He doesn't make **trouble** in school.

10. We should take **steps** to avoid trouble.

11. He had **the kindness** to show me the way.

12. He had **the nerve** to come uninvited.

13. She has **the habit** of talking to herself.

14. I had **no idea** of becoming a techer .

〈11〉 S＋V＋O (one's 명사) (3−11)

1. break (동) 부수다 ; heart (명) 마음 ; disappointed (분) 실망한 ; love (명) 사랑

2. enthusiasm (명) 열정

3. do one's best (관용어 표현) 최선을 다하다 ; persuade (동) 설득하다

4. earn one's living (관용어 표현) 생계를 꾸리다 ; writing (명) 집필

5. hold one's tongue (관용어 표현) 잠자코 있다 ; meeting (명) 회의

6. lose his temper (관용어 표현) 화나다

7. make up my mind (관용어 표현) 결심하다 ; marry (동) 결혼하다

8. feel one's way toward ⓑ (관용어 표현) ⓑ 에 대해서 신중히 하다 ;
   accomplishment (명) 성취 ; plan (명) 계획

9. find one's way into ⓑ (관용어 표현) ⓑ 로 가는 길을 찾다

10. pay one's way through ⓑ (관용어 표현) ⓑ 까지 자기가 경비를 지불하다 ; college (명) 대학

11. river (명) 강물 ; find one's way into ⓑ (관용어 표현) ⓑ 까지 나아가다 ;

12. see one's way to ⓑ (관용어 표현) ⓑ 에 대해서 할 수 있다고 생각하다 ; **allow** (동) 허락하다 ; **rent** (동) 임대하다 ; **house** (명) 집

1. She **broke** <u>her heart</u> from disappointed love.

2. I **don't have** <u>my old enthusiasm</u>.

3. We **did** <u>our best</u> to persuade her.

4. He **earns** <u>his living</u> from writing.

5. He **held** <u>his tongue</u> during the meeting.

6. He **lost** <u>his temper</u> with me.

7. I **made up** <u>my mind</u> not to marry her.

8. He **was feeling his way** <u>toward</u> the accomplishment of his plan.

9. I **could not find my way** <u>into</u> the town

10. He **paid his way** <u>through</u> college.

11. These rivers **find their way** <u>into</u> the lake.

12. I'm sorry, but I can't **see my way** <u>to</u> allowing you to rent the house.

〈12〉 S＋V＋재귀대명사 (3-12)

1. history (명) 역사 ; repeat (동) 반복하다

2. disgrace (동) 품위를 손상시키다

3. hurt (동) 다치다 ; take (동) …를 취하다 ; care (명) 조심

4. adapt (동) 적응시키다 ; quickly (부) 빠르게 ; circumstance (명) 환경

5. devote oneself to ~ (관용어 표현) ~에 헌신하다 ; studying English (명) 영어공부

6. pride oneself on ~ (관용어 표현) ~을 자랑하다 ; skill in cooking (명) 요리솜씨

7. confine oneself to ~ (관용어 표현) ~에 틀어박히다 ;

   all through the week (전치사구) 일주일 내내

8. express oneself in ~ (관용어 표현) 생각한 바를 말하다

<S+V+재귀대명사>

1. History repeats **itself**.

2. She disgraced **herself**.

3. He will hurt **himself** if he doesn't take care.

<S+V+A+전치사+B>

4. He quickly <u>adapts</u> **himself** <u>to</u> the new circumstances .

5. He <u>devoted</u> **himself** <u>to</u> studying English.

6. She <u>prides</u> **herself** <u>on</u> her cooking skill.

7. I <u>confined</u> **myself** <u>to</u> my home all through the week.

8. He <u>expressed</u> **himself** <u>in</u> good English.

〈13〉 S+V+O (준동사=to V · 동명사) (3-13)

1. decide (동) 결심하다 ; buy (동) 사다 ; another (형) 하나 더

2. manage (동) 경영하다 ; earn (동) 벌다 ; living (명) 생활

3. pretend (동) ~하는 척하다 ; hear (동) 듣다

4. want (동) 원하다 ; doctor (명) 의사

5. all (형) 모든 ; men (명) 사람들 ; desire (동) 바라다 ; happy (형) 행복한

6. refuse (동) 거절하다 ; put down (동) 진정시키다

7. learn (동) 배우다 ; careful (형) 주의 깊은

8. enjoy (동) 즐기다 ; having her in one's arms (동명사) 팔로 안는 것

9. could not help ~ing (관용어 표현) ~하지 않을 수 없다

10. only (부) 오직 ; fear (동) 걱정하다 ; a good helper (명) 좋은 조력자

11. excuse (동) 용서하다 ; my being late (동명사) 내가 늦은 것

12. narrowly (부) 간신히 ; escape (동) 모면하다 ; being killed (동명사) 죽는 것 ; in the accident (전치사구) 사고로

13. stop (동) 멈추다 ; to talk (부정사) 이야기하는 것

14. talking (동명사) 이야기하는 것

15. begin (동) 시작하다 ; laugh (동) 웃다

16. continue (동) 계속하다 ; speak of (동) ~에 관해 이야기하다 ; history (명) 역사 ; for half an hour (전치사구) 한 시간동안

17. be planning to V (동) ~할 계획하다 ; take a trip (관용어 표현) 여행하다 ; to the west coast (전치사구) 서쪽으로

18. hate (동) 싫어하다 ; stay (동) 머물다 ; in one place (전치사구) 한 장소에서 ; long (부) 오래도록

19. like (동) 좋아하다 ; reading novels (동명사) 소설 읽는 것

20. renovating (동명사) 수리하는 것

21. to be mended (부정사) 수선하는 것

<S+V+to V>

1. He decided **to buy another**.

2. I managed **to earn my living**.

3. She pretended not **to hear him**.

4. She wanted **to be a doctor**.

5. All men desire **to be happy (happiness)**.

6. He refused **to be put down**.

7. You must learn **to be careful**.

<S+V+~ing>

8. He did not even enjoy **having her** in his arms.

9. She could not help **smiling**.

10. I only fear not **being a good helper**.

11. They didn't excuse **my being late**.

12. He narrowly escaped **being killed** in the accident.

13. He stopped **to talk**.

14. He stopped **talking**.

15. He began **to laugh**.

16. He continued **to speak of history** for half an hour.

17. We are planning **to take a trip** to the west coast.

18. She hates **to stay long** in the same place.

19. I like **reading novels**.

20. Our house needs to **be renovated** (= renovating).

21. My sweater needs to **be mended** (= mending).

〈14〉 S＋V＋O (접속사＋S＋V＋∼) (3-14)

1. wonder (동) 궁금하다 ; why (접) 왜 ; come (동) 오다

2. think (동) 생각하다 ; great (형) 큰, 훌륭한 ; statesman (명) 정치가

3. few (형) 별로 없는 ; people (명) 사람들 ; know (동) 알다 ; how important (접) 얼마나 중요한 ; time (명) 시간

4. parents (명) 부모 ; disapprove (동) 반대하다 ; do (동) 하다

5. just (부) 방금 ; learn (동) 알다 ; what (접) 무엇인가 ; to be alone (부정사구) 혼자 있는 것

6. know (동) 알다 ; where (접) 곳 ; the hell (부) 도대체 ; go (동) 가다

7. often (부) 종종 ; hesitate (동) 망설이다 ; do (동) 하다

8. confess (동) 자백하다 ; read (동) 읽다

9. say (동) 말하다 ; tolerate (동) 참다

10. suggest (동) 제안하다 ; follow (동) 따르다 ; advice (명) 충고

11. order (동) 명령하다 ; watch (동) 보다 ; on weekdays (전치사구) 주중에

1. I wonder **why he hasn't come**.

2. We think **that he is a great statesman**.

3. Very few people know **how important time is**.

4. My parents disapprove **whatever I do**.

5. He has just learned **what it is to be alone**.

<S+V+접속사+to V>

6. I did not know **where the hell to go**.

7. He often hesitates **what to do**.

<S+V+to 사람+접속사+S+V+~>

8. He confessed <u>to me</u> **that he hadn't read it**.

9. She said <u>to me</u> **that she could not tolerate it**.

<S+V+접속사+S+(should)+동사원형>

10. I <u>suggest</u> that they **follow** my advice.

11. Father <u>ordered</u> that we not **watch** television on weekdays.

   (= Father ordered us not to watch television on weekdays.)

┤〈15〉가주어 · 진주어 (3-15)├

1. surprise (동) 놀라다 ; hear (동) 듣다 ; win (동) 이기다 ; race (명) 경주
2. take (동) 걸리다 ; several (형) 몇몇의 ; distinguish ⓐ from ⓑ (동) ⓐ와 ⓑ를 구별하다 ;
   cultured pearl (명) 양식진주 ; genuine pearl (명) 자연진주
3. weeks (명) 여러 주 ; assort (동) 분류하다 ; agglomeration (명) 더미 ;
   miscellaneous items (명) 잡동사니 ; collect (동) 모으다 ; on his trip (전치사구) 여행길에
4. say (동) 말하다 ; dead (형) 죽은
5. great (형) 위대한 ; statesman (명) 정치가
6. alleged (부) 주장된 ; work (동) 일하다 ; enemy (영) 일하다

1. **It** surprised me **to hear that Bill had won the race**.

2. **It** takes several years for you **to distinguish cultured pearls from genuine ones**.

3. **It** took weeks **to assort the agglomeration of miscellaneous items** (that) he had collected on his trip.

4. **It** is said **that she is dead**.

5. **It** is said **that he is a great statesman**.

6. **It** is alleged **that he had worked for the enemy**

〈16〉 가목적어 · 진목적어 (3-16)

1. owe ⓐ to ⓑ (동) 〈ⓐ는 ⓑ에 덕분이다〉 ; parents (명) 부모 ; keep (동) 유지하다 ; healthy (형) 건강한

2. owe ⓐ to ⓑ (동) 〈ⓐ는 ⓑ에 덕분이다〉 ; alive (형) 살아있는

3. leave ⓐ to ⓑ (동) 〈ⓐ를 ⓑ에 맡기다〉 ; conscience (명) 양심 ; decide (동) 결정하다 ; choose (동) 고르다

4. answer for (동) 책임지다 ; honest (형) 정직한

5. care about (동) 걱정하다 ; whether (접) ~인지 아닌지 ; approve (동) 찬성하다, 승인하다

6. agree about (동) 동의하다 ; do (동) …하다 ; work (명) 일, 직업

1. We owe **it** to our parents **to keep ourselves healthy**.

2. I owe **it** to my wife **to stay alive**.

3. We will leave **it** to your conscience **to decide which to choose**.

4. I will be responsible for it that this man is honest

5. I don't care about **it whether he approves (or not)**. (= **his opinion**)

6. They couldn't agree about **it who should do the work**.

〈1〉 S+V+I.O+D.O (명사 · 대명사) (4-1)

1. find (동) ~을 찾다 ; good (형) ; 좋은
2. give (동) 주다 ; a break (명)
3. offer (동) 제공하다 ; job (명) 일자리, 직업
4. send (동) 보내다 ; a box of sweets (명) 사탕 한 박스
5. show (동) 보여주다 ; thing (명) 일, 것
6. be willing to do (조) 기꺼이 ~하다 ; lend (명) 빌려주다
7. buy (동) 사다
8. pass (동) 건네주다 ; salt (명) 소금
9. bring (동) 가지고 오다 ; a cup of coffee (명) 커피 한 잔
10. spare (동) 나누어주다 ; some time (명) 약간의 시간 ; this Saturday (부) 이번 주 토요일
11. offer (동) 임명하다 ; the position of Education Minister (명) 교육장관
12. get (동) 사다 ; ticket (명) 표
13. get (동) 얻다, 획득하다 ; anything else (대) 그 밖에 것
14. make+O+up (동) 쌓다 ; a parcel of books (명) 책 한 꾸러미
15. give+O+back (동) 돌려주다 ; freedom (명) 자유

〈S+V+받는 사람+주는 내용 (명사 · 대명사)〉

1. He <u>finds</u> me **a good one**.
2. <u>Give</u> me **a break**.
3. He <u>offered</u> her **a job**.
4. He <u>sent</u> her **a box of sweets**.
5. He won't <u>show</u> you **a thing**.
6. I'm willing to <u>lend</u> you **the money**.
7. Father <u>bought</u> me **a new computer**.

8. Could you <u>pass</u> me **the salt**?

9. Please <u>bring</u> me **a cup of coffee**.

10. Could you <u>spare</u> me **some time** this saturday?

11. He is offered **the position of Education Minister.**

12. Will you get me **a ticket**?

13. Can I get you anything else?

<S+V+받는 사람+부사+주는 내용>

14. He <u>made</u> me (pick) <u>up</u> **a parcel of books**.

15. They <u>gave</u> the people <u>back</u> **their freedom**.

〈2〉 S+V+I.O+D.O (접속사+S+V+∼) (4-2)

1. tell (동) 말하다 ; come (동) 오다 ; today (부) 오늘
2. ask (동) 묻다 ; secretary (명) 비서 ; whether (접) ∼인지 아닌지 ;
   director (명) 감독 ; back (부) 돌아 온 ; before (접) 전에
3. warn (동) 경고하다 ; turmoil (명) 소동 ; begin (동) 시작하다
4. tell (동) 말하다 ; what this is 이것이 무엇인지
5. persuade (동) 설득하다 ; look forward to (동) ∼하기를 학수고대하다 ; see (동) 보다, 만나다

---

1. I <u>told</u> you **that I would come today**.

2. We <u>asked</u> the secretary **whether the director would be back before
   five o'clock**.

3. I must <u>warn</u> you **that the turmoil has only begun**.

4. Please <u>tell</u> me **what this is**.

5. He <u>persuaded</u> himself **that he was looking forward to seeing her**.

⟨3⟩ S+V+I.O+D.O (접속사+to V) (4-3)

1. show (동) 보여주다 ; operate (동) 작동하다
2. tell (동) 말하다 ; find (동) 찾다
3. show (동) 안내하다 ; go (동) 가다
4. policeman (명) 경찰관 ; inform (동) 알려주다 ; admission ticket (명) 입장권 ; ball park (명) 야구장
5. bank (명) 은행 ; manager (명) 경영자 ; advise (동) 충고하다 ; invest (동) 투자하다 ; money (명) 돈

1. I <u>showed</u> them **how to operate it**.
2. I'll <u>tell</u> you **how to find them**.
3. He'll <u>show</u> you **where to go**.
4. A policeman <u>informed</u> me **where to get the admission ticket to the ball park**.
5. Your bank manager will <u>advise</u> you **where to invest your money**.

[5] 5형식 : 주어가 하는 동작의 대상과 그 대상을 설명하는 말이 올 때 쓰는 표현

⟨1⟩ S+V+O+O.C (형용사) (5-1)

1. please (조) 제발, 미안하지만 ; get (동) (식사를) 준비하다 ; ready (형) 준비가 된
2. wrong (형) 잘못된
3. make (동) …하게 하다 ; everything (대) 모든 것 ; clear (형) 맑은, 분명한, 명백한
4. keep (동) 유지하다 ; healthy (형) 건강한
5. like (동) 좋아하다 ; coffee (명) 커피 ; weak (형) 약한
6. coat (명) 코트 ; keep (동) 유지하다 ; warm (형) 따뜻한
7. have (동) …되게 하다 ; room (명) 방 ; clean (형) 깨끗한 ; tidy (형) 정돈된
8. drink (동) 마시다 ; ill (형) 아픈

9. push (동) 밀다 ; door(명) 문 ; open (형) 열린

10. walk (동) 걷다 ; lame (형) 절름발이의

11. shout (동) 소리치다 ; hoarse (형) 목인 쉰

1. Please get the coffee **ready**.

2. Don't get me wrong.

3. It makes everything **clear**.

4. Good-bye and keep yourself **healthy** (=Take care (of yourself)).

5. I like my coffee **weak**.

6. This coat will keep you **warm**.

7. I had my room **clean and tidy**.

8. He drank himself **ill**.

9. She pushed the door **open**.

10. I heid him **tight**.

11. He shouted his voice **hoarse**.

〈2〉 S+V+O+O.C (명사) (5-2)

1. call (동) 부르다, 전화를 걸다 ; genius (명) 천재

2. appoint (동) 임명하다 ; manager (명) 지배인

3. entitle (동) …에게 칭호를 주다 ; Sultan (이슬람교에서의) 황제, 군주

4. make (동) 만들다. …이 되다 ; aviation (명) 항해 ; profession (명) 전문직업

5. name (동) …에 이름을 붙이다 ; ship (명) 배

6. have (동) …이 되다 ; cook (명) 요리사 ; before long (=soon) (부) 곧

1. We call him **a genius**.

2. We appointed him **manager**.

3. I made aviation **my profession**.

4. The ship was named **Clara.**

5. I ll have him **a good cook** before long.
   (= make)

〈3〉 S+V+O+O.C (준동사) (5-3)

1. allow (동) 허락하다 ; have a vacation (관용어 표현) 휴가를 갖다

2. want (동) 원하다 ; meet (동) 만나다 ; not~any more (부) 더 이상 ~하지 않다

3. beg (동) 빌다, 구하다, 청하다 ; go (동) 가다

4. encourage (동) 격려하다. 고무시키다 ; rant (동) 큰 소리로 떠들다

5. force (동) 억지로 시키다 ; speak (동) 이야기하다

6. wait (동) …을 바라다 ; get well 회복되다

7. be going to (조) …할 예정이다 ; keep (동) …으로 하여두다 ; wait (동) 기다리다 ; all day long (부) 하루 종일

8. find (동) 찾아내다 ; water (동) 물을 주다 ; a young apple tree (명) 어린 사과나무 ; in east garden (전치사구) 동쪽 정원에서

9. listen to (동) ~를 듣다 ; band (명) 밴드 ; play (동) 연주하다 ; in the park (전치사구) 공원에서

10. want (동) 원하다 ; report (명) 보고서 ; type (동) 타이프 치다

11. only (부) 단지 ; want (동) 원하다 ; go (동) 가다

〈S+V+O+to V〉

1. Mr. White allowed him **to have a vacation** for two weeks.

2. I want you not **to meet her** any more.

3. She begged me **to go**.

4. You encouraged him **to rant**.

5. He forced himself **to speak**.

6. I wish you **to get well soon**.

7. Are you going to keep me **waiting** all day long?

8. He found his father **watering a young apple tree** in east garden.

9. We listened to the band **playing** in the park.

10. He wanted his report **typed**.

11. He only wanted her **gone**.

〈4〉 S+사역동사 · 지각동사+O+O.C (5-4)

1. believe (동) 믿다

2. play (동) 연주하다 ; in one's house (전치사구) ~의 집에서

3. think (동) 생각하다 ; so (부) 그렇게

4. feel (동) 느끼다 ; young (형) 젊은 ; again (부) 다시

5. keep (동) 간직하다. 간수하다

6. hair (명) 머리 ; cut (동) 자르다

7. blood pressure (명) 혈압 ; take (동) 재다 ; in the hospital (전치사구) 병원에서

8. handbag (명) 핸드백 ; steal (동) 훔치다

9. composition (명) 작문 ; revise (동) 교정하다 ; teacher (명) 교사

10. pierce (동) -을 뚫다

11. chirp (동) <새,벌레 >가 지저귀다

12. exercise (동) 운동하다

13. exercise (동) 운동하다

14. hear (동) 듣다 ; door (명) 문 ; open (동) 열리다

15. hear (동) 듣다 ; at last (전치사구) 마침내

16. look at (동) - 을 바라 보다

17. ground (명) 지면,땅 ; shake (동) 흔들리다

18. smell (동) 냄새가 난다 ; burning (분) 타고 있는

1. You can't <u>have</u> him **believe it**.

2. I won't <u>have</u> him **play the piano** in my house.

3. What <u>makes</u> you **think** so?

4. They <u>made</u> me **feel young** again.

5. <u>Let</u> her **keep the money**.

6. I need to <u>have</u> my hair **cut**.

7. I <u>had</u> my blood pressure **taken** in the hospital yesterday.

8. She <u>had</u> her handbag **stolen**.

9. I <u>have</u> this composition **revised** by my teacher.

10. I got my ears **pierced**.

11. Can you hear the bird **chirping** now?

12. I saw him **exercising** yesterday.

13. I saw him **exercise** every day.

14. He <u>heard</u> a door **open**.

15. I <u>heard</u> my name **called** at last.

16. I look at her **walking** down the street.

17. I felt the groud shaking.

18. I smell something **burning**.

〈5〉 S＋생각·판단 동사＋O＋O.C (to be〜) (5-5)

1. think (동) 생각하다 ; always (부) 항상 ; easy (형) 편한 ; talk to (동) …와 대화하다
2. think (동) 생각하다 ; foreign-made article (명) 외국상품 ; superior (형) 우수한 ; home product (명) 국내 상품
3. consider (동) 심사숙고하다 ; innocent (형) 무죄의
4. feel (동) 느끼다 ; position (명) 입장 ; unsafe (형) 불안한
5. find (동) (우연히) 찾아내다, 발견하다 ; place (명) 장소, 곳 ; busy (형) 바쁜, 분주한, 사람의 왕래가 빈번한 ; street (명) 거리, 가로
6. consider (동) 심사숙고하다 ; scholar (명) 학자
7. acknowledge (동) 인정하다 ; the greatest artist (전치사구) 최고의 예술가
8. think (동) 생각하다 ; rather (부) 오히려, 어느 쪽인가 하면 ; odious (형) 밉살스러운
9. all (형) 모든 ; executive (명) 회사 중역 ; company (명) 회사 ; report (동) 보고하다 ; a best man (명) 가장 적합한 사람 ; for the job (전치사구) 그 일에
10. allow (동) 허락하다 ; beat (동) 이기다 ; to be beaten (부정사) 지다
11. think (동) 생각하다 ; laboratory (명) 실험실

---

1. I **had** always **thought** her **to be easy** to talk to.

2. Many people **think** all foreign-made articles **to be superior** to home-made products.

3. Do you **consider** him **to be innocent**?

4. He **felt** his position **to be unsafe**.

5. They **found** the place **to be a busy street**.

6. I **consider** him **to be a scholar**.

7. He **is thought to be the greatest artist** in Korea.

8. We **thought** him **to be** rather **an odious young man**.

9. All the executives of the company **reported** him **to be the best man for the job**.

10. He **allowed** himself **to be beaten**.

11. I **think** him **to be in the laboratory**.

〈6〉 S+간주동사+O+O.C (as~) (5-6)

1. think of (동) 생각해 내다 ; a man of promise (명) 유망한 사람

2. look upon (동) ~로 간주하다 ; up and coming (형) 장래가 촉망되는 ; scholar (명) 학자

3. describe (동) 설명하다 ; the best poet (명) 최고의 시인

4. treat (동) 취급하다

5. had better (조) …하는 편이 좋겠다 ; treat (동) 취급하다 ; word (명) 말 ; joke (명) 농담

6. regard (동) 간주하다 ; argument (명) 논쟁 ; quite (부) 아주 ; logical (형) 논리적인

7. characterize (동) 특징짓다 ; energetic (형) 활동적인 ; intelligent (형) 지적인 ; rather than (비교급) …라기 보다는 오히려

8. accept (동) 받아드리다 ; quite (부) 아주 ; natural (형) 자연적인

9. consider (동) 심사숙고하다 ; have (동) 가지다 ; ideal (형) 이상적인 ; combination (명) 조화 ; climatic (형) 기후의 ; condition (명) 상태

10. think of (동) 생각해 내다 ; author (명) 작가 ; struggle with (동) 버둥거리다 ; poverty (명) 가난

11. still (부) 여전히 ; think of (동) 간주하다 ; matter (명) 문제 ; solved (분) 해결된

---

1. He <u>is thought</u> of **as a man of promise**.

2. He <u>is looked on</u> **as one of the up and coming scholars**.

3. We <u>described</u> him **as the best poet**.

4. Don't <u>treat</u> me **as a child**.

5. You had better <u>treat</u> his words **as a joke**.

6. We <u>regard</u> his argument **as quite logical**.

7. I shall <u>characterize</u> him **as energetic rather than intelligent**.

8. We <u>accept</u> it **as quite natural**.

9. Korea <u>is considered</u> **as having an ideal combination of climatic conditions**.

10. He <u>thought of</u> all authors **as struggling** with poverty.

11. We still <u>don't think of</u> the matter **as solved**.

〈7〉 기타(S+V+O.C+O) (5-7)

1. make (동) 마련하다 ; ready (형) 준비가 된 ; table for the refreshments (명) 다과회를 베풀 식탁
2. make (동) …하게 하다 ; clear (형) 분명한, 명백한 ; fact (명) 사실, 진상
3. possible (형) 가능한 ; success (명) 성공

1. They made **ready** the table for the refreshments.

2. He made **clear** the fact.

3. She made **possible** our success.

〈8〉 가목적어 · 진목적어 (5-8)

1. no one (대) 아무도 ; consider (동) 심사숙고하다 ; wise (형) 현명한 ; buy (동) 사다 ; land (명) 토지

2. think (동) 생각하다 ; honorable (형) 명예로운 ; ask (동) 묻다, 청하다 ; marry (동) 결혼하다

3. deem (동) 생각하다 ; great (형) 큰, 커다란, 위대한 ; honor (명) 영광 ;

   present (형) 참석한, 출석한 ; at this grand meeting (전치사구) 성대한 연예에

4. find (동) 찾아내다, 알다 ; difficult (형) 어려운, 곤란한 ; pay (동) 지불하다 ;

   high rent (명) 비싼 집세 ; with so small income (전치사구) 적은 수입으로

5. find (동) 알다 ; pleasant (형) 즐거운 ; walk (동) 걷다 ; in the rain (전치사구) 빗속에서

6. think (동) 생각하다 ; dangerous (형) 위험한 ; alone (형) 홀로

7. think (동) 생각하다 ; possible (형) 가능한 ; here (부) 여기에

1. No one consider **it** wise for you **to buy the land**.

2. He didn't think **it** honorable **to ask me to marry him**.

3. I should deem **it** a great honor **to be present** at this grand meeting.

4. He'll find **it** difficult **to pay the high rent** with so small an income.

5. I sometimes find **it** pleasant **walking in the rain**.

6. We think **it** dangerous **for you to go there alone**.

7. I think **it** possible **that she will be here again**.

- Writing through reading, a suggestive method of writing English
  - *Gay, Robert Malcolm -*

- Writing ; being a practical guide for all who seek to express themselves in good English - *Freeman, William -*

- Gogo Loves English - *Ken Methold -*

- Women's writing in English - *Finke, Laurie -*

- Talk in writing : opportunities and constraints of English learners writing in classrooms - *Bicais, Jeanette Mary -*

- On Writing Well, 25th Anniversary : The Classic Guide to Writing Nonfiction
  -William K. Zinsser-

- A writing process for bidialectal students - *Mary Rhodes Hoover-*

- 100 % Writing : Comparison & Contrast - *Dave Wisniewski -*

- Writing essays : a guide for students in English and the humanities
  - *Turley, Richard Marggraf -*

- My Writing Tips - *Shasta Turner -*

- A compend of English grammar - *Abel Curtiss -*

- How to write an essay - *Henriksen, Birgit -*

- How to Write a PhD Thesis - *Joe -*

- Writing Information Book - *Hill, John -*

- A Course for Writing English - *Donald Byrd -*

- Writing in Nonstandard English - *Kate Moore -*

- ESSENTIAL PRACTICE FOR THE TOEIC TEST - *Anne Akamatsu -*

- Critical essays - *M.K. Naik, S.K. Desai, G.S. Amur -*

- The Blue Book of Grammar and Punctuation - *Jane Straus -*

- Asian writing in English - *Laming, Madeleine -*

- Writing and vocabulary - *Haastrup, Kirsten -*

- Writing in a bilingual classroom - *Serna, Carolina -*